François, la peste et la renaissance

Marco Politi

François, la peste et la renaissance

Traduit de l'italien par
Samuel Sfez

Philippe Rey

Titre original : *Francesco, la peste, la rinascita*

7, rue Rougemont – 75009 Paris

www.philippe-rey.fr

À Bruno

« D'une crise comme celle-ci on ne sort pas indemne, comme avant : on en sort meilleur ou pire. »

Pape François

CHAPITRE I

Un pape dans la tempête

La place est déserte, blafarde sous la pluie. La colonnade embrasse la désolation. Derrière l'obélisque, au-delà de la via della Conciliazione, Rome semble vide. Enfermée dans le confinement imposé par l'épidémie. L'Italie entière est vide et fermée, recroquevillée, effrayée.

La peste erre dans les rues. On croirait un écho du passé. La peste du XIVe siècle… Ou celle que raconte Manzoni dans *Les Fiancés* et qui fit rage de Londres à Prague, de Milan aux Pouilles. Ou encore l'épidémie de grippe espagnole qui contamina cinq cents millions de personnes au début du XXe siècle, soit un quart de la population de l'époque.

La peste est de retour. Elle a émergé en Chine, dans la ville de Wuhan, entre novembre et décembre 2019. Pendant quelque temps, elle a été dissimulée par les autorités, avant d'éclater au grand jour en se diffusant vers l'Europe, puis en Amérique et en Afrique. Semaine après semaine, hommes et femmes sont infectés par dizaines de milliers, la mort avance inexorablement. La pandémie sème la peur, l'angoisse et la solitude.

Le 27 mars 2020, Jorge Mario Bergoglio s'avance seul sur le parvis dépeuplé de la basilique Saint-Pierre. Le vieux pape boite, les cheveux plaqués sous sa calotte. Une silhouette blanche, irréelle, sous le ciel noirâtre.

Depuis près de trois semaines, l'Église semble avoir cessé d'exister. Églises fermées, fidèles disparus. Plus aucune messe, aucun baptême, aucun mariage, aucun enterrement n'est célébré. La dernière bénédiction aux mourants est confiée par les évêques aux infirmiers et aux médecins, à qui s'en remettent les malades avant de se précipiter dans le néant. Des files de camions militaires emportent les cercueils jusqu'au cimetière. Les familles sont écartées, obligées de rester chez elles.

Les autorités religieuses se sont conformées au confinement ordonné le 9 mars par le gouvernement. Au 27 du même mois, le coronavirus a contaminé près de 600 000 personnes dans le monde, et en a tué près de 27 000. En Italie, on compte plus de 66 000 contaminations et 9 134 morts. Au cours des dernières vingt-quatre heures, la maladie a provoqué plus de 900 décès dans le pays. Des chiffres destinés à augmenter de manière vertigineuse. Au Vatican, on compte deux cas de contamination. Au total, il y en aura douze, dont un dans l'entourage direct du pape. François se soumet au test, il est négatif. Cependant, il commence à tenir des audiences générales virtuelles.

Face aux protestations des curés et des fidèles, le pape a statué que les églises paroissiales resteraient ouvertes au moins pour la « prière individuelle ». Mais le silence de l'Église à l'heure de la catastrophe devient insoutenable et incompréhensible pour des millions de catholiques. Un grand nombre d'agnostiques et de non-croyants, habitués à se tourner avec intérêt vers le pape Bergoglio, remarquent la soudaine disparition de l'Église catholique de la scène publique.

L'Église a toujours affronté la mort. Pas de résurrection sans sépulcre : depuis des siècles, le mystère de la vie et de la mort est l'apanage du clergé. L'Italie et l'Europe regardent, désemparées, la progression inexorable des contaminations et des décès, sans un mot venant de la chaire. Depuis plusieurs décennies, la mort avait symboliquement disparu. Elle concernait toujours les « autres ». À la télévision, les guerres, les massacres, les attentats prenaient une réalité cinématographique. Quelque chose que l'on voit, mais qui peut disparaître en un clic. Depuis longtemps, le décès d'un proche n'était plus un événement partagé par la famille. Ceux qui devaient mourir étaient écartés, à l'hôpital ou en maison de repos. À présent, le spectre à la faux est de retour, il peut toucher n'importe qui. On découvre soudain que l'on ne peut même plus saluer une dernière fois un mourant ou déposer une fleur sur sa tombe.

Jorge Mario Bergoglio, 266e pontife romain, sait par son histoire familiale ce que signifie échapper à la mort – par hasard ou grâce à la providence. Le navire qui devait emmener ses grands-parents paternels de Gênes jusqu'en Argentine coula dans l'Atlantique, provoquant des centaines de noyades. Les Bergoglio eurent la vie sauve : à la dernière minute, ils décidèrent de reporter leur voyage et n'embarquèrent pas à bord du *Principessa Mafalda*. Ainsi furent-ils épargnés du naufrage. Mario Bergoglio et ses parents débarquèrent à Buenos Aires deux ans plus tard, en 1929.

À vingt et un ans, Jorge Mario a failli mourir d'une pneumonie, ce qui a nécessité l'ablation de la partie supérieure de son poumon droit. Un point que l'opposition à sa candidature avait tenté d'exploiter lors du conclave de 2013. Le cardinal Óscar Rodríguez Maradiaga avait dû faire le tour des tables, pendant la pause-déjeuner des cardinaux-électeurs, pour démentir la rumeur d'une grave invalidité empêchant l'élection de Bergoglio.

À Buenos Aires, en tant que jésuite et cardinal, François a constaté comment on vit, meurt et tue dans les bidonvilles. Devenu pape, il s'est retrouvé pendant des années dans le collimateur de Daech, qui publiait en ligne des images menaçantes de l'obélisque, place Saint-Pierre, surmonté du drapeau noir du califat.

Le silence sur la place est oppressant. Sous un dais blanc, François s'adresse au vide. Le sourire que le monde connaît depuis sept ans a disparu. « D'épaisses ténèbres couvrent nos places, nos routes et nos villes ; elles se sont emparées de nos vies, tout n'est plus que silence assourdissant et vide désolant », lance François, le visage empreint d'une expression grave, mélancolique. Il parle du vide qui paralyse tout. « On le sent dans l'air, on le ressent dans les gestes, les regards le disent : nous avons peur, nous sommes égarés, poursuit-il, tels les disciples de Jésus dans le bateau en pleine tempête[1]. » La prière de François brise la chape de silence.

Pendant des siècles, l'Église a joué un rôle majeur en temps de pandémie, dominante dans la cité comme dans l'imaginaire humain. En témoignent les fresques visibles aujourd'hui encore sur les bâtiments médiévaux, religieux ou séculiers. La Mort menace, grande niveleuse. La Croix représente l'Arche du salut. Dans *Le Triomphe de la Mort*, à Palerme, au palais Abatellis, papes et empereurs sont jetés pêle-mêle parmi les cadavres, preuve d'une justice divine impartiale, réparatrice pour les individus opprimés par la société féodale. Juchée sur un cheval efflanqué à la robe grise, la Mort squelettique décoche sans pitié ses flèches empoisonnées. Le courroux divin frappe inexorablement princes, dames et chevaliers, coupables de graves péchés.

Au Camposanto, cimetière historique de Pise, morts et vivants se font face en une rencontre inattendue. Les naseaux des chevaux frémissent de terreur sous la puanteur insupportable des cadavres. Les nobles enfouissent leur visage dans leur mouchoir. Du ventre des morts sortent des serpents répugnants.

Pendant les grandes catastrophes, l'Église a toujours représenté un pouvoir transcendant inamovible, elle était seule médiatrice, unique refuge, cénacle de salut pour apaiser le jugement divin. Le clergé gérait les hôpitaux. Dans les rues désertes, le prêtre marchait au son de sa cloche pour

1. Pape François, *Prière en temps de pandémie*, 27 mars 2020.

prodiguer le réconfort aux moribonds. Il écoutait les confessions terrorisées, incitait au repentir hommes et femmes qui cherchaient refuge à l'ombre de l'autel. Le prêtre et le moine consolaient vivants et mourants, passaient parmi les paillasses des lazarets, guidaient les processions de fidèles implorant pitié. Pendant ce temps, le peuple promettait d'ériger des colonnes votives quand le fléau serait passé.

En l'an de grâce 2020, cette présence totalisante apparaît soudain comme effacée. La sécularisation a déjà remis en cause la place centrale de l'institution religieuse. Comme le rappelait l'historien catholique Pietro Scoppola, la « société chrétienne » est en déclin. Joseph Ratzinger, alors pape sous le nom de Benoît XVI, avait lui-même conclu que le christianisme représentait désormais une minorité d'adeptes.

Au début de l'épidémie et au moment du confinement – *lockdown* en anglais, un mot qui évoque le tintement des clés d'une prison –, l'éclipse de la religion semble totale. Pour la première fois depuis le Moyen Âge, un phénomène mortel prend de l'ampleur et domine l'espace public tandis qu'il n'est plus accompagné de symboles religieux. Dans notre civilisation de l'image, cette absence est criante. La religion disparaît, la science reste maîtresse incontestée. Sur la scène, les blouses blanches ont remplacé les étoles. Un parfum de gel hydroalcoolique et non d'encens assaille les narines. Héros et martyrs sont médecins ou infirmières, le verbe vient du gouvernement : Premier ministre, édiles, gouverneurs de région. La conférence de presse du soir qui égrène le nombre de décès, de contaminations et de guérisons, ainsi que les mesures à suivre, tient lieu d'unique liturgie. Le fait que le dernier signe de croix ne soit pas tracé par le clergé sur le front des mourants rend son éviction encore plus criante. Pourtant, elle est inévitable. La seule manière de combattre le mal est celle que dicte la science. Être ensemble favorise la contagion. Être ensemble est mortel. La présence de messagers de Dieu à l'hôpital risque seulement de propager le danger.

Cette mise à l'écart touche les deux grandes religions monothéistes du monde : le christianisme et l'islam. Toutes deux s'appuient sur l'adoration de Dieu dans de vastes lieux de communauté. La place Saint-Pierre n'est pas la seule à être désertée : c'est également le cas de l'esplanade devant la Kaaba à La Mecque, comme le rapporte l'agence missionnaire Asia News. À Jérusalem, le Saint-Sépulcre et la mosquée Al-Aqsa sont fermés. Au cours des mois suivants, les festivités du ramadan sont soumises à de fortes restrictions dans plusieurs régions du monde. La Covid-19 se répand à une vitesse inimaginable. Un an après son apparition, on compte cent millions de personnes contaminées et plus de deux millions de victimes.

Le virus révolutionne les relations humaines. Il brise les rapports, empêche la socialisation. Il renferme les célibataires dans la solitude, encage sans pitié les personnes âgées et isolées. Il fait éclater les conflits, les haines, les tensions conjugales. Le virus empêche le contact physique, les embrassades, les caresses, les baisers, les poignées de main.

Pour l'Église, il s'agit d'un choc inédit, inconnu même en temps de guerre, d'inondation ou de tremblement de terre. Le christianisme ne se réduit pas à l'étude des textes sacrés, à une méditation individuelle sur le divin : c'est un rapport avec le corps du peuple. La paroisse vient du grec *paroikia*, groupe de maisons unies sous l'aspersoir du prêtre. Le curé joue un rôle dans les relations entre les sexes par l'intermédiaire du mariage religieux. Il entre dans les consciences par la confession en face à face, une confrontation qui doit avoir lieu au moins une fois par an, comme établi par le concile de Trente.

Le prêtre prend dans ses bras le nouveau-né à baptiser, il accueille les adolescents pour la communion et la confirmation. Le prêtre oint, touche physiquement le malade dans ses derniers instants. L'Église est oratoire, elle est pèlerinage, elle est prière communautaire, elle est procession. La messe est la commémoration d'un repas commun, la communion est la nourriture de l'âme à travers le corps. La prédication consiste à se regarder dans les yeux, le signe de la paix à se serrer la main, chanter et prier sont des actes collectifs. Le cœur et l'esprit des croyants vivent dans une relation en chair et en os.

Soudain, la peste de la Covid-19 déchire ce tissu qui palpite depuis des millénaires. Le pape François remarque le bouleversement. Il exhorte à se plier à la rationalité scientifique, tout en comprenant que l'Église ne peut rester inerte.

Six jours après la proclamation du confinement national, le pape effectue une visite éclair à Sainte-Marie-Majeure et prie devant l'icône de Marie *Salus Populi Romani* ; puis, parcourt quelques mètres à pied dans la rue centrale de

Rome, le Corso. Il se rend à l'église San Marcello et prie le crucifix porté pour conjurer la « grande peste » de 1522, selon la tradition.

Dans le jargon des relations publiques, c'est ce qu'on appelle une *photo opportunity*, une image destinée à transmettre un message, à attirer l'attention. Mais ce geste ne suffit pas. Dix jours plus tard, le 25 mars, le pape invite les chrétiens de toutes confessions à un « Notre Père » universel. Le patriarche œcuménique Bartholomée Ier, le primat anglican Justin Welby et le Conseil œcuménique des Églises se joignent à lui. Mais ces actions ne suffisent toujours pas. François sent qu'il doit s'adresser de nouveau au monde. Au milliard trois cents millions de catholiques, aux millions de chrétiens d'autres Églises qui regardent attentivement en direction de l'évêque de Rome, aux fidèles d'autres religions et aux non-croyants qui, depuis des années, prêtent attention à son message.

Au cours des dernières décennies, l'Église catholique a dû essuyer de violentes critiques pour les crimes pédophiles honteusement étouffés aux plus hauts niveaux de sa hiérarchie, elle s'est vu traînée sur le banc des accusés pour des scandales financiers, elle a offert le spectacle navrant de luttes intestines avec les révélations de Vatileaks. Cependant, il arrive régulièrement un temps où un pape trouve la stature nécessaire pour parler d'une voix universelle, qu'il s'appelle Jean-Paul II, Paul VI, Jean XXIII ou Jorge Mario Bergoglio.

Le 27 mars, sous le dais blanc baigné de pluie, face à la place déserte, François transforme le vide en un espace où converge une multitude assoiffée de proximité et de confiance. Devant la basilique qui ressemble à un mur de pierre, François condense la tension d'attentes proches et lointaines. Il porte une parole d'espoir et de solidarité, de foi et de courage. La barque est en pleine tempête, dit-il, et nous sommes tous dedans. « Tous appelés à ramer ensemble, tous ayant besoin de nous réconforter mutuellement[1]. »

Car le virus brise le mythe du darwinisme dominant, l'obsession des gagnants en compétition perpétuelle. François martèle des paroles claires pour chacun. « Nous nous apercevons que nous ne pouvons pas aller de l'avant chacun de son côté, mais seulement ensemble. » La tempête révèle la vulnérabilité du monde, balaie les fausses assurances, met à nu les stéréotypes qui habillaient l'ego de nos contemporains, malades d'images.

On fonçait tête baissée, on se sentait fort et capable de tout, avide de profit. « Nous ne nous sommes pas réveillés face aux guerres et aux injustices planétaires, nous n'avons pas écouté le cri des pauvres et de notre planète gravement malade, poursuit François. Nous avons continué notre route, imperturbables, en pensant rester toujours sains dans un monde malade. » À présent, au cœur de la tempête, François rappelle le cri ancien des disciples terrorisés à l'idée de se noyer dans la mer de Galilée, tandis que Jésus dormait profondément dans la barque : « Réveille-toi, Seigneur ! »

Les projecteurs du palais du Vatican éclairent faiblement la silhouette du vieux pape qui parle à voix basse. En Italie,

1. *Ibid.*

dix-sept millions de personnes le suivent sur les principales chaînes télévisées, et quelques centaines de milliers en streaming ou en direct sur les radios diocésaines. Dans le monde, plusieurs millions de spectateurs retrouveront la scène sur les chaînes digitales. Le pape Bergoglio a quatre-vingt-trois ans. Il ne possède pas la majesté et le physique d'acteur de Karol Wojtyła. Il ressemble plutôt à un prêtre, mais son apparence pétrie d'humanité a marqué les foules depuis sa première apparition au balcon du Vatican le soir du conclave, le 13 mars 2013.

Ce pape connaît la saveur de la vie. Il a travaillé, il a été videur en boîte de nuit, il a eu une petite amie, il a connu la barbarie de la dictature, la lâcheté de nombreux confrères évêques, il connaît le mépris des riches et des bien-pensants pour les existences naufragées à quelques kilomètres d'eux, il sait ce qu'est la corruption et, dans de nombreux pays, l'alliance tacite – mais connue de tous – entre des pans entiers des institutions et le crime organisé. Il n'aime pas l'hypocrisie de ceux qui feignent de craindre Dieu, mieux vaut être athée, affirme-t-il. François connaît l'odeur du désespoir. Il connaît les nœuds de l'histoire – c'est pourquoi il aime la « Madone des nœuds » bavaroise – et les enchevêtrements de l'âme humaine. Y compris de la sienne. Au cours des années 1980, après sa malheureuse parenthèse en tant que supérieur provincial des Jésuites, il a suivi une psychanalyse.

Sur la place Saint-Pierre, il parle du point de vue des disciples entassés dans une barque sur le point de couler. C'est un discours religieux, mais pas abstrait. Il entre au cœur d'un moment historique. Le Christ n'est pas distant, pour le Christ tout le monde « compte », s'exclame-t-il. La tempête révèle seulement la fragilité de la foi des chrétiens, leur incapacité à comprendre qu'ils ont besoin du salut divin.

La théologie de Bergoglio se déploie dans les ombres de cette soirée pluvieuse, sa voix porte loin. Par la Croix du Christ, « nous avons été guéris et embrassés », affirme-t-il, mais cela implique une responsabilité. François n'apprécie pas les chrétiens inertes. Embrasser la Croix signifie trouver le courage d'embrasser les contrariétés du temps présent, en laissant de côté tout désir d'omnipotence et de possession. Cela signifie se tourner vers les autres, donner « stabilité, soutien et sens en ces heures où tout semble faire naufrage ».

Le pape argentin veut se rappeler les hommes et les femmes qui, pendant ces jours cruciaux, incarnent la nécessité de ramer ensemble. Il ne parle pas *ex cathedra*, mais des couloirs d'hôpital, des maisons où vivent des gens apeurés, des recoins du quotidien. Dans une grande proximité avec eux, Bergoglio énumère les noms de médecins, infirmiers et infirmières, employés de supermarchés, agents d'entretien, aides-soignants à domicile, transporteurs, forces de l'ordre, volontaires, prêtres, religieuses « et tant d'autres qui ont compris que personne ne se sauve tout seul ». Ce sont eux qui écrivent les pages décisives de la lutte contre le mal.

Le pape François vient de donner l'ordre de débroussailler les titres papaux. « Vicaire du Christ… Successeur des apôtres… Souverain pontife… Souverain de l'État de la

Cité du Vatican » : dans l'annuaire pontifical de 2020, tous ces titres sont relégués aux oubliettes de l'histoire. Celui d'évêque de Rome lui suffit. François en est convaincu : la pompe du passé ne sert à rien, elle empêche de parler aux hommes et aux femmes du XXIe siècle, croyants et non-croyants, qui ont des parcours individuels variés.

François veut un christianisme actif, réfléchi et vécu dans l'amour du prochain, fait d'actes concrets en réponse à une situation historique particulière, car durant l'année 2020, la peste progresse sans répit. En gardant à l'esprit que le monde « d'après » ne devra plus être malade comme avant. Confier ses peurs au Christ exige que chacun se sente membre d'une seule et même famille humaine. Tel est l'humanisme religieux de François, prêt à se mesurer aux autres humanismes. Sans fraternité, nous sommes perdus. Dans cet élan, le pape révoque l'ancienne vision de la peste comme punition divine. (Homère, en son temps, en parlait ainsi.) Pour Bergoglio, Dieu est toujours père, il appartient à Ses enfants de comprendre le sens d'un héritage que le pape argentin a résumé en deux mots dès le début de son pontificat : amour et miséricorde. Au risque de se heurter au courroux des docteurs de la loi au sein de sa propre Église.

« Ce n'est pas le temps de Ton jugement, mais celui de notre jugement : le temps de choisir ce qui importe et ce qui passe, de séparer ce qui est nécessaire de ce qui ne l'est pas », lance François, s'adressant à Dieu. À l'heure de l'épreuve, François pense déjà au lendemain. Il s'agit de changer de cap, dit-il, d'avoir le courage d'ouvrir des espaces où personne n'est exclu, où chacun peut se sentir appelé. Le but est tout indiqué. Créer « de nouvelles formes d'hospitalité et de fraternité, ainsi que de solidarité ».

Le soir est déjà tombé quand François termine la cérémonie. Une liturgie a été chantée dans le vestibule de la basilique. Le pape prie devant l'icône de Marie et s'arrête en silence près du crucifié amaigri de San Marcello. Il le fixe longuement, effleure d'un baiser les pieds transpercés d'un clou. Puis, selon le rite antique, vêtu de sa cape blanche, il revient face à la place déserte et lève l'ostensoir du Saint-Sacrement pour la bénédiction *urbi et orbi*. C'est une image archaïque. Un soleil d'or, tel un bouclier dans l'obscurité et la peur.

Au loin, avant que ne se taisent les cloches, retentit la sirène d'une ambulance.

CHAPITRE 2

« Regardons ces fosses communes »

La célébration de Pâques annulée en raison du confinement est un tremblement de terre psychologique. Jamais elle n'avait été privée de ses rites de masse. La basilique du Vatican déserte, le pape éperdu devant l'autel, entouré d'un groupe clairsemé de fidèles, la place immense vide de foule joyeuse. Les églises du monde entier désertes, de même que les lieux les plus sacrés de Terre sainte.

Ce temps d'épreuve pousse à l'humilité, fait remarquer le cardinal Angelo Comastri, archiprêtre de la basilique Saint-Pierre. Même les persécutions n'étaient pas parvenues à effacer l'esprit communautaire de Pâques. Dans ses Mémoires, Evgenia Ginzburg, prisonnière politique à l'époque stalinienne, raconte qu'en 1940, au goulag, un groupe de religieuses orthodoxes avaient posé leurs outils de travail pour célébrer Pâques : condamnées à retirer leurs chaussures en guise de punition, elles avaient prié pieds nus dans la boue glacée d'un marigot. À Pâques en 1945, la Polonaise Natalia Tułasiewicz, par la suite béatifiée, prêche la Passion du Christ à ses camarades du camp de concentration de Ravensbrück : quelques heures plus tard, elle meurt dans la chambre à gaz. Même dans le camp d'extermination de Bergen-Belsen, les Juifs déportés ne renoncent pas à célébrer le séder et la nuit de Pessa'h.

La théologienne Lilla Sebastiani est effarée par ces premières Pâques sans célébrations. Suivre à la télévision l'image d'un prêtre qui officie dans la solitude lui rappelle douloureusement le fait que « la présence du peuple est insignifiante[1] ». Le virus tue la chaleur de la liturgie vécue en communauté. L'expression « jeûne eucharistique » entre dans le langage ecclésiastique courant. Célébrer la messe sans fidèles est une dure épreuve, reconnaît le cardinal de Bologne Matteo Zuppi, car toutes ses actions en tant que prêtre et évêque n'ont de sens qu'en relation avec les autres. « L'absence de contact physique est ce qui m'a le plus manqué[2]. »

Peur de la contagion et respect des mesures gouvernementales bouleversent des usages millénaires. Les fidèles sont privés de contact avec le prêtre. Les curés sont contraints de célébrer le rite entièrement seuls. On invente des messes en streaming, en drive-in. En France, l'évêque de Châlons-en-Champagne célèbre par radio une messe pour cinq cents fidèles barricadés dans deux cents voitures. L'agence de presse AFP diffuse l'image d'un curé de Limoges qui a installé une grille de confessionnal à la porte du presbytère et confesse une fidèle restée dans sa voiture.

---

1. L. Sebastiani, *Rocca*, 1er mai 2020.
2. W. Veltroni, *Corriere della Sera*, 31 mai 2020.

Aux États-Unis, dans une paroisse du Maryland, le prêtre fait preuve d'esprit pratique : il transforme le parking de son église en confessionnal à ciel ouvert. Pour protéger ses paroissiens et lui-même du virus, il écoute leurs confessions derrière un grand rideau. Même chose à Varsovie : un prêtre est installé sur une chaise et les pénitents défilent devant lui en voiture, à distance de sécurité.

Prêtres, frères et sœurs développent l'usage des réseaux sociaux. Ou les découvrent. Beaucoup sont contraints de s'improviser communicants digitaux en une semaine. Présentations, messages, initiatives sur Facebook, YouTube, Zoom, Skype, Instagram, sur les sites institutionnels. L'effet, décrit par les responsables ecclésiastiques, est palpable. YouTube devient le canal pour les cours de catéchisme et la préparation au mariage. La plateforme transmet des messages d'espoir, recueille et diffuse des témoignages de paroissiens. Des curés se lancent pour la première fois dans la confection d'un podcast. Les canaux digitaux sont utilisés pour la formation des scouts et les dévotions mariales. Après le confinement du 8 mars, certains diocèses entrent dans le territoire inconnu des réseaux sociaux en ouvrant une page Facebook ou un profil Instagram.

Les religieuses cloîtrées se mobilisent. À la basilique Santa Rita, à Cascia, pour remédier à la suspension des pèlerinages, elles organisent un streaming ininterrompu de huit heures baptisé #MaratonaFestaSantaRita et visible sur tous les réseaux sociaux. L'idée d'une claustration-bunker qui couperait les religieuses du monde – déjà obsolète depuis des décennies – est démentie une fois de plus. Celles qui ne sont pas équipées appellent à l'aide et apprennent en quatrième vitesse. Les sœurs augustiniennes de Cascia parviennent à poursuivre virtuellement l'accueil, l'assistance et l'écoute des pèlerins. Messes en streaming, rite de suffrage des défunts, vidéos de prière, oraison silencieuse hebdomadaire devant l'urne de sainte Rita, rosaires matinaux sont programmés pour tisser la toile d'une foi communautaire. Les anciens instruments tels que e-mail, téléphone et courrier fonctionnent aussi pour garder le contact avec les personnes[1].

Ces pratiques se diffusent dans tout le vaste corps du catholicisme mondial et livrent une première surprise. Au temps du virus, de nombreux curés remarquent que la communication numérique – diffusion des rosaires, célébrations, *lectio divina*, ainsi que les rencontres collectives en ligne – atteint un public plus vaste, bien au-delà du cercle des habitués de la paroisse. C'est le signe d'un besoin de communication de la part de ceux qui se sentent étouffés chez eux, mais aussi d'une soif religieuse qui, en temps normal, ne se traduit pas par une fréquentation de l'église.

Le clergé se conforme globalement avec discipline à la messe sans peuple. Quelques dizaines de cas – des curés qui bravent le confinement en célébrant la messe en présence de fidèles entrés en cachette – ne changent pas le cadre général. Quelques amendes sont aussi distribuées pour procession interdite. François exprime le souhait que

1. E. Lenzi, *Avvenire*, 23 mai 2020.

l'on suive de bon gré les règles dictées par l'urgence sanitaire. Et tel est le cas.

L'Italie n'assiste pas à des éclats de fanatisme comme à Richmond, aux États-Unis, où l'évêque évangélique Gerald Glenn défie l'ordonnance locale interdisant les rassemblements de plus de dix personnes. Glenn proclame que dans son église « nous sommes tous en sécurité [...]. Dieu est plus grand que ce virus que l'on craint tant [...]. Je continuerai à prêcher la parole de Dieu jusqu'à ce que j'aille en prison ou à l'hôpital. » Il tombe malade et s'éteint dix jours plus tard. Sa fille lance un appel plein de tristesse pour que les gens restent en sécurité chez eux[1].

Le virus chamboule la vie des prêtres. L'annulation soudaine de leur charge quotidienne contraint bien des membres du clergé à un examen de conscience. Sans les échéances des rites, des rencontres, des entretiens, des réunions, des formations, des lectures bibliques, des oraisons de groupe, sans l'angoisse de devoir suivre trois, quatre, cinq paroisses, parfois davantage, dans cette course de l'une à l'autre qui épuise la masse du clergé étant donné la crise des vocations, de nombreux curés se retrouvent seuls face à eux-mêmes. Confrontation dont ils avaient perdu l'habitude.

Chez certains, cette pause forcée provoque ennui, irritation, recherche de diversions. Pour d'autres, c'est l'occasion de s'interroger sur le sens et l'efficacité de leur action quotidienne. Sur ce qui constitue réellement le centre de

1. E. Chillè, *Il Messaggero*, 16 avril 2020.

leur vie et de leur mission. « Ces dernières années, avec l'enchaînement des engagements qui m'a toujours plu, j'ai découvert qu'en réalité un sentiment de fatigue a prévalu, celui de me sentir toujours débordé », confesse un curé milanais. La vague de l'épidémie passée, reviendra-t-il à sa vie d'avant ? « La réponse est claire, non[1]. »

Dans le corps de l'institution ecclésiastique, on découvre des prêtres qui ont absorbé la vision proposée par le pape François d'une Église libre de liens autoréférentiels. D'ailleurs, de nombreux prêtres étaient bergogliens avant l'arrivée du pontife argentin. Comme ce curé romain qui exhorte ses propres confrères à être pèlerins, car il entrevoit dans l'épidémie de nouvelles portes d'accès vers les hommes et les femmes contemporains, vers les nouvelles pauvretés, vers les blessures où intervient le « Christ médecin ». Qui, sinon le prêtre, doit pouvoir être proche de ses contemporains désorientés et angoissés, surtout dans cette ère de naufrage provoquée par le coronavirus ?

Accueillir dans son cœur un peu de la douleur, de l'égarement, de l'angoisse de l'autre : cela seul peut constituer l'identité du prêtre aujourd'hui et lui conférer de l'autorité, le renvoyant à l'image d'un Dieu qui souffre avec les humains – telle est l'opinion du prêtre psychothérapeute Amedeo Cencini, selon qui l'activité du curé ne peut consister à se répéter, à proposer toujours le même sermon, confondant ainsi fidélité avec médiocrité[2]. C'est le thème que rabâche

1. F. Ognibene, *Avvenire*, 28 avril 2020.
2. *Ibid.*

le pape François depuis le début de son pontificat. Être prêtre, frère, sœur ne consiste pas à se concentrer sur des « programmes apostoliques toujours plus grands, méticuleux et bien élaborés », insiste-t-il. Ne jamais céder à la tentation de perdre son temps à parler de succès ou d'échecs. Ou, pire encore, à penser en termes d'« influence[1] ».

François n'a aucune sympathie pour un clergé de managers qui suivent un planning. Le prêtre doit être pasteur, et non « fonctionnaire, mercenaire ou entrepreneur ». S'enliser dans la routine est tout aussi nocif. « On fait ce qu'on peut... C'est ce qu'on a toujours fait... », voilà pour le pape argentin des rengaines mortelles. Elles représentent « un doux poison, car il met l'âme en paix, nous laisse comme anesthésiés et nous empêche de marcher[2] ». Pour le pape, la vocation se réalise quand le prêtre tend la main à son peuple, aux familles, aux jeunes, aux anciens, aux plus pauvres que la société écarte et abandonne au bord de la route.

Les catholiques italiens – fidèles, clergé et évêques – répondent à l'appel avec générosité. Des volontaires associatifs ou de simples individus portent nourriture et assistance aux personnes âgées ou en quarantaine. Dans les zones les plus touchées par le virus, diocèses et paroisses agissent de diverses manières. À Bergame, sous l'impulsion de l'évêque Francesco Beschi, les chambres du séminaire sont mises à disposition des médecins et des infirmières qui vivent hors de la ville, le diocèse accueille les personnes

1. Pape François, *Rencontre avec les prêtres*, 8 septembre 2019.
2. Pape François, *Rencontre avec les jeunes*, 19 mars 2018.

en quarantaine qui ne peuvent rentrer chez elles, on trouve des appartements sûrs pour les sans-abris, on ouvre un centre d'écoute permanente et on organise une collecte de fonds extraordinaire avec les entrepreneurs locaux. D'autres diocèses situés en première ligne de la pandémie s'activent tout autant.

Caritas se mobilise à travers ses magasins solidaires. Il s'agit de supermarchés auxquels les familles et les personnes en situation de pauvreté accèdent par l'intermédiaire de centres d'écoute paroissiaux et diocésains. Une carte à points, accordée pour un temps défini, permet de rapporter chez soi des biens de première nécessité : pâtes, pain, sauce tomate, huile, sucre, café, boîtes de conserve, petits pots et couches, plus une sélection de produits dépendant des dons des entreprises. Villes et entreprises participent financièrement à cette initiative. En plus des magasins, des colis de vivres sont adressés aux paroisses. Caritas s'active également pour distribuer des bons alimentaires, des aides au loyer, elle organise des consultations pour négocier ou réaménager des crédits.

L'ampleur de la crise se remarque au nombre croissant de personnes cherchant de l'aide. À Rome, entre mars et avril 2020, en compte deux fois plus de bénéficiaires des magasins solidaires. Là où, avant le 8 mars, venaient soixante ou soixante-dix personnes, on en voit cent cinquante. Des colis de nourriture affluent dans les cent cinquante paroisses de la capitale. Au cours des deux mois de confinement, le nombre des bénéficiaires a triplé. Deux mille deux cents demandes émanant de familles ou d'individus seuls affluent en une trentaine de jours[1]. C'est l'explosion de la pauvreté post-virus. Sur le plan institutionnel, pendant les dix premiers jours du mois de mai 2020, la municipalité de Rome a recensé cinquante-cinq mille demandes de bons alimentaires.

À Milan, Caritas enregistre le même pic alarmant. Les magasins solidaires offrent 50 pour cent de nourriture en plus. Ils distribuent chaque jour près de trois cents kilos de produits. Dans le diocèse de Milan, le plus étendu d'Europe, le nombre de familles souffrant de la faim atteint seize mille cinq cents. L'identité de ces affamés invisibles est plurielle. Salariés et entrepreneurs côtoient les aides à domicile, les précaires, les artisans, les petits commerçants, les travailleurs au noir et les immigrés[2]. Les cent quatre-vingts magasins solidaires présents en Italie reflètent en miniature une société qui n'en finit pas de glisser.

Des situations que l'on croyait appartenir au passé reparaissent. Quand une mère de trois enfants raconte qu'elle ne mange pas de viande depuis deux mois et qu'elle ne sert à table que des pâtes et du riz, on devine que l'avenir est sombre. Si la situation est telle dans l'un des pays les plus riches du monde industrialisé, on comprend que les effets de la Covid-19 frapperont durement des millions de personnes à travers la planète.

En Espagne, le virus a révélé au grand jour la réalité d'un million trois cent mille personnes qui subissent encore, par

1. R. Rumpo, *RomaSette – Avvenire*, 3 mai 2020.
2. G. Visetti, *La Repubblica*, 30 avril 2020.

des conditions de vie détériorées, les conséquences de la crise de 2008. À Barcelone, le manque de nourriture fait augmenter de 30 pour cent la fréquentation des cantines populaires. En mai, Caritas international annonce que les conséquences économiques de la pandémie pourraient frapper deux cent trente millions de personnes. Selon le World Food Programme des Nations unies, le spectre de la famine menace surtout l'Afrique, déjà frappée par de maigres récoltes, des invasions de criquets et des sécheresses. De graves problèmes alimentaires touchent plusieurs pays du Moyen-Orient, d'Asie et d'Amérique latine.

François veut une Église qui épaule, une Église à qui peuvent s'adresser ceux qui se retrouvent marginalisés. Tandis que l'Italie et le monde scrutent avec angoisse la courbe des contagions et des décès, Bergoglio martèle : il existe un virus plus grave, celui de l'« égoïsme indifférent ». Cette maladie touche ceux qui oublient les moins fortunés et pensent que « la vie s'améliore si les choses vont mieux pour moi, que tout ira bien si tout va bien pour moi ». Un tel raisonnement ouvre la voie à une sélection au nom de l'indifférence, avertit le pape. En écartant les pauvres, on en vient à « immoler sur l'autel du progrès celui qui est derrière. [...] [Pourtant] nous sommes tous fragiles, tous égaux, tous précieux ».

Ce qui se passe doit secouer la société, souligne Bergoglio, la pousser à éliminer les inégalités, à « remédier à l'injustice qui mine dès la racine la santé de l'humanité tout entière ». François s'exprime un jour d'avril, le dimanche consacré à la Miséricorde divine, une fête voulue par Jean-Paul II, dévot de la mystique polonaise Faustina Kowalska. Il existe un lien direct entre l'attention qu'a toujours accordée aux questions sociales le pape Wojtyła et la vision de Jorge Mario Bergoglio. Le pape argentin vante l'esprit de partage dont faisaient preuve les apôtres, qui prenaient soin de leur communauté, selon les besoins de chacun. « Ce n'est pas une idéologie, c'est le christianisme[1] », conclut-il.

Au plus fort de l'épidémie, François soutient quotidiennement la communauté catholique, mais il s'adresse comme toujours à l'ensemble de ses contemporains, sans distinction de foi. Ne pas voir les fidèles face à face lui coûte. Place Saint-Pierre aussi, les rassemblements sont interdits. L'État du Vatican s'adapte. Le pape ne prononce plus l'angélus dominical depuis la fenêtre du palais apostolique, mais à l'intérieur, dans la bibliothèque, en direct à la télévision. Chaque matin depuis que les Italiens sont enfermés chez eux, la messe du pape – célébrée dans la solitude, au sein de la chapelle de la résidence Sainte-Marthe – est retransmise à l'extérieur.

Jour après jour, vêtu des habits liturgiques violets du carême, François s'adresse aux personnes âgées, isolées, aux médecins, aux infirmières, aux enseignants et aux étudiants. À celles et ceux qui se sentent isolés, qui ont peur, qui sont angoissés dans une prison surpeuplée. Aux personnes handicapées et à celles qui les assistent. Aux femmes en première ligne des métiers du soin : médecins, infirmières, agentes des forces de l'ordre ou des prisons,

1. Pape François, *Homélie*, 19 avril 2020.

employées des magasins vendant des biens de première nécessité. Médecins et infirmières sont les héros du quotidien, s'exclame François : avec les prêtres, dont beaucoup sont aussi morts sur le terrain, il les appelle « saints du quotidien ». Pendant l'angélus après la première semaine de confinement, il parle des prêtres, qui ont inventé mille manières d'être proches de leur peuple, conscients qu'en période de pandémie il n'y a pas de place pour les « don Abbondio », ce prêtre fainéant du roman de Manzoni. Fin mai, cent vingt et un prêtres étaient morts du coronavirus.

Mais le pape argentin veut aussi éveiller la conscience de ceux qui pensent uniquement à se sauver eux-mêmes et les leurs. Il rappelle le désespoir de ceux qui ont perdu leur toit et leur travail, le sentiment d'abandon de ceux qui ne savent où se réfugier. Il rappelle que la situation d'urgence n'arrête pas les profiteurs, les mafieux, les usuriers. Pas de confinement pour ceux qui exploitent les travailleurs ou pour les trafiquants d'êtres humains. « Même aujourd'hui, les gens sont vendus. Tous les jours. Il y a des Judas qui vendent leurs frères et sœurs. » Bergoglio évoque la réalité des femmes yézidies vendues aux terroristes de Daech, face à laquelle tout le monde ferme les yeux[1].

Le 30 avril 2020, alors que l'Italie dénombre vingt-huit mille décès de la Covid-19 et que le monde compte plus de trois millions de contaminés et deux cent trente mille victimes, François encourage à commémorer les défunts

1. Pape François, *Homélie à Sainte-Marthe*, 8 avril 2020.

« pour ainsi dire anonymes ». Ceux qui ont fini dans une tombe sans nom, loin de leur famille. « Nous avons vu les photos des fosses communes… Si nombreuses », s'exclame-t-il.

Mais Dieu n'oublie jamais les hommes et les femmes, rappelle le pape venu de la métropole argentine cernée de bidonvilles. « Il n'oublie jamais. Si, il oublie dans un seul cas : quand il pardonne les péchés. Après avoir pardonné, il perd la mémoire, il ne se rappelle pas les péchés. » Telle est la théologie que prêche Bergoglio depuis sept ans.

Si Pâques incarne la fête mutilée, le chemin de croix de 2020 restera dans les mémoires pour la force avec laquelle la présence désarmée de François s'impose dans l'adversité. La colonnade de Saint-Pierre – qui a vu couronner et enterrer des papes, couler le sang d'un pontife agressé et la catharsis laïque et religieuse d'un Wojtyła mourant – devient pendant quatre-vingt-dix minutes le miroir d'un drame sacré où s'entremêlent l'horreur de la mort, la soif de salut, les vies d'assassins et de laissés-pour-compte, le besoin de rédemption, de pardon divin et d'amour universel.

Pour les Romains, les fidèles, les pèlerins, l'annulation de la traditionnelle cérémonie du vendredi saint au Colisée avait été un autre choc. Signe que la pandémie domine tout. Dans un éclair de génie, le pape met en scène un événement encore plus impressionnant. Dans cet espace extraordinaire créé par Bramante, Michel-Ange et le Bernin, illuminé tandis que Rome semble plongée dans l'obscurité, François s'exprime à travers des symboles compréhensibles par tous : croyants et non-croyants, fidèles de toute religion et de toute philosophie.

Le pape, solitaire devant la basilique, attend la Croix, tel un point fixe dans la catastrophe qui secoue le monde. La procession des orants, flambeaux en main, avance derrière la Croix suivant un chemin de flammèches. Ce petit groupe, perdu sur la place déserte, tourne autour de l'obélisque entre chants et prières, comme s'il délimitait les contours imaginaires de la planète. Les orants marchent lentement puis gravissent les marches du parvis pour remettre la Croix au pape âgé afin qu'il offre au Christ les souffrances universelles. Il serre le « bois de la rédemption » et rappelle d'une voix voilée, parfois fêlée, que Dieu relève les humains lorsqu'ils chutent. « Viens en aide à notre faiblesse et donne-nous des yeux pour contempler les signes de ton amour disséminés dans notre quotidien[1]. »

Chaque année, le pontife confie à une personne ou à un groupe le soin de composer les prières du chemin de croix. Pour 2020, il a souhaité que les méditations se fassent l'écho des voix d'une prison de Padoue, dont l'aumônier est Marco Pozza.

Déjà en tant qu'évêque, Jorge Mario Bergoglio a toujours éprouvé une proximité particulière pour le monde des prisons. En tant que pape, il s'est souvent rendu en prison pour effectuer la cérémonie du lavage de pieds du jeudi saint, ce rite qui répète le geste du Christ envers les apôtres avant la Cène. Pour Bergoglio, il rappelle le service

1. Pape François, *Chemin de croix*, 10 avril 2020.

que l'Église doit apporter à l'humanité avec humilité, en particulier aux personnes qui se trouvent dans les situations les plus extrêmes. Or qui sont les « derniers » des derniers, sinon les prisonniers ? Ainsi, au fil des ans, François a visité les maisons d'arrêt de Casal di Marmo, Rebibbia, Regina Coeli et Velletri.

La prison est le microcosme où se reflètent les malheurs du monde. Le mal et la volonté de rédemption, le désespoir et l'espoir. La fragilité de l'être humain. Seuls les hypocrites pensent être à l'abri de la chute, estime François. Car la frontière est mince entre les personnes libres et celles qui sont condamnées. « Je me demande : pourquoi lui et pas moi ? Suis-je plus méritant que celui qui est enfermé ici ? Pourquoi est-il tombé et moi non ? Ce mystère me rapproche d'eux », a avoué le pape lors d'une rencontre avec les aumôniers des prisons, peu après son élection.

Les invocations résonnent dans cette place que tout le monde connaît, et des prières s'élèvent du groupe de femmes et d'hommes : « Je suis ici, seul devant Toi, dans l'obscurité de cette prison, pauvre, nu, affamé et méprisé, et je Te demande de verser sur mes blessures l'onguent du pardon et de la consolation, et le vin d'une fraternité qui renforce le cœur… Apprends-moi à espérer dans le désespoir. »

François a voulu que les méditations préparées derrière les barreaux rendent leur voix à la douleur des vaincus, ceux qui ont fait le mal, et à la douleur de leurs proches : un condamné à perpétuité, quatre autres détenus, deux parents dont la fille a été assassinée, la mère d'un détenu, la fille d'un condamné à perpétuité, une catéchiste, un moine, une éducatrice, un juge d'application des peines, un prêtre accusé de pédophilie, puis reconnu innocent, un agent de police pénitentiaire qui est aussi diacre.

À présent ils sont là, place Saint-Pierre. Chacun porte un récit, l'expérience d'un mal vécu, subi, observé. « Les blessures grandissent au fil des jours, jusqu'à nous couper le souffle », confie la mère d'un condamné. « Le mal m'a fasciné, et j'ai cédé », confesse un détenu. Défaite, solitude, remords, incompréhension, telles sont les ombres que rencontre une catéchiste qui fréquente la prison depuis des mois.

Chez eux, devant leur télévision, près de huit millions d'Italiens confinés regardent et écoutent. Eux aussi se taisent quand un long silence s'abat sur le parvis lors de la douzième station. Tout est immobile, tout est silencieux. C'est l'heure où Jésus de Nazareth expire sur la croix, le moment de la prière intérieure.

Dans la tourmente de la peste, François montre que la foi a son mot à dire, pousse hommes et femmes à s'interroger sur la présence de Dieu et le sens du vivre-ensemble. En laissant la parole aux marginalisés, en observant un profond silence, il permet à la grande prière de transcender les frontières confessionnelles et de toucher au rapport mystérieux qui existe dans chaque religion entre Dieu et la douleur.

Ce n'est pas un hasard si, depuis New Delhi, le leader nationaliste Narendra Modi, quoique porté au pouvoir par un mouvement hindouiste ultrafondamentaliste, éprouve le besoin de tweeter qu'en ce vendredi saint « nous nous rappelons le Seigneur Jésus-Christ et son engagement pour la vérité, le service et la justice ».

Pendant les mois du confinement, dans les homélies qu'il prononce chaque matin dans la chapelle nue de Sainte-Marthe, le pape fait de nombreuses références à la politique. Foi, solidarité, responsabilité envers la maison commune – le pays où l'on vit, la planète qu'habite l'humanité –, telle est la triade de la pensée de François. Sous le choc de la pandémie, les politiciens doivent chercher ensemble le bien de leur pays, et non celui de leur parti.

L'Europe, en tête des préoccupations des papes romains de Paul VI à Benoît XVI, et que Jean-Paul II voulait forte de ses racines chrétiennes, occupe le cœur de François à l'ère des souverainismes et des populismes. Pendant la période du confinement, tandis que les Italiens se demandent si Bruxelles enverra une aide pour sauver l'économie de l'effondrement, Bergoglio évoque le sujet par trois fois. Il demande de prier afin que l'Europe parvienne à trouver l'unité fraternelle rêvée par ses pères fondateurs. Il exhorte à aller de l'avant « comme des frères ». Il invite les responsables politiques de l'Union à affronter les conséquences économiques et sociales de la pandémie dans un esprit de concorde[1].

Dans l'effondrement du multilatéralisme qui se matérialise depuis plusieurs années, Bergoglio et la diplomatie du Vatican comprennent clairement la nécessité d'empêcher

---

1. Pape François, *Homélie à Sainte-Marthe*, 10 mai 2020.

l'affaiblissement, voire la désagrégation, de l'Union européenne. Le 7 mai 2020, le pape a un entretien téléphonique intense avec la chancelière allemande Angela Merkel. Le pape n'a pas besoin d'interprète. Il parle allemand depuis ses études en Allemagne, en 1986. La conversation porte sur l'urgence d'une action coordonnée pour faire face aux conséquences dramatiques de la pandémie, particulièrement dans les pays les plus pauvres. L'expression « tenir ensemble » sert de fil conducteur. Il faut renforcer les liens entre les États européens et la coopération internationale. Selon un communiqué, François et Merkel jugent essentielles « résistance [de l'Union] et solidarité en Europe ». Le pape insiste encore sur le principe de solidarité dans le domaine international, et sur la responsabilité des États riches envers les pays les plus pauvres.

Par ailleurs, le pape a immédiatement adhéré à l'appel à un cessez-le-feu mondial lancé par le secrétaire général de l'Onu António Guterres, tandis que la courbe de l'épidémie croissait de manière inexorable. Les Nations unies s'inquiètent de l'effondrement du système sanitaire des pays en guerre, où le personnel soignant même n'est pas à l'abri des attaques.

Tandis que la peste se répand, François ne néglige pas de renforcer les liens interreligieux afin d'encourager les grandes religions à œuvrer dans une optique de solidarité. Dans la foulée du *Document sur la fraternité humaine pour la paix mondiale et la coexistence commune*, signé à Abu Dhabi en février 2019 par le pape et le grand imam de la mosquée Al-Azhar, est né un comité islamo-chrétien afin d'en promouvoir les objectifs. Après quatorze siècles de conflits, de haine et de tensions, ce document est le premier sur lequel s'accordent un pontife romain et le guide d'Al-Azhar, le centre religieux et normatif le plus représentatif de l'islam sunnite. Le fondement de ce texte consiste à reconnaître que le pluralisme religieux est voulu par Dieu et que « la foi amène le croyant à voir dans l'autre un frère à soutenir et à aimer ». Une condamnation de ce qui constitue la base de toute vision fondamentaliste. Ce comité est complété par le rabbin américain Bruce Lustig, représentant de la communauté juive de Washington et organisateur du premier sommet abrahamique aux États-Unis, qui a réuni les chefs des trois religions monothéistes.

Le comité invite le 14 mai à une journée de prière et de jeûne, consacrée à implorer la fin de la pandémie, toute personne de toute région du monde, de toute foi, religion ou doctrine. Cette journée a la particularité d'être également ouverte aux non-croyants. Les fidèles de chaque religion prieront, les non-croyants prendront le temps d'une « pensée spirituelle, une réflexion sur la condition humaine ». Les uns et les autres sont invités à contribuer à une initiative concrète pour aider les personnes en difficulté, explique le cardinal Miguel Ángel Ayuso Guixot, secrétaire du comité et président du Conseil pontifical pour le dialogue interreligieux. Car la crise « nous a mis face à la réalité de l'appartenance à une seule famille humaine[1] », et la réponse ne peut être inspirée que par la fraternité.

---

1. L. Capuzzi, *Avvenire*, 8 mai 2020.

Le pape François adhère officiellement à l'initiative et affronte l'éternelle guérilla traditionaliste, qui refuse les gestes religieux communs par crainte d'un christianisme contaminé par le syncrétisme. La pandémie est advenue tel un déluge, proclame-t-il. À présent, frères et sœurs de toutes les religions supplient Dieu ensemble. « Certains diront peut-être : "Mais c'est du relativisme religieux, on ne peut pas faire ça." Comment, on ne peut pas prier le Père de tous ? Chacun prie comme il sait le faire, comme il peut, comme il l'a reçu de sa propre culture », déclare le pape lors de la messe à Sainte-Marthe, anticipant les critiques de ses adversaires. L'important, fait remarquer Bergoglio, c'est que « nous ne priions pas l'un contre l'autre, telle tradition contre telle autre, non ! ». L'essentiel est d'être tous unis en tant que frères et êtres humains[1].

Le 18 mai, les églises rouvrent leurs portes. Bénitiers vides, distanciation, entrées limitées (pas plus de deux cents personnes), volontaires veillant au respect des gestes barrières, l'orgue est autorisé, le chœur non, le prêtre doit donner la communion avec gants et masque, il faut désinfecter les calices, les burettes et les micros. Saint-Pierre aussi rouvre. Le dimanche 17 mai, François apparaît pour la première fois à la fenêtre de l'appartement papal pour une bénédiction silencieuse adressée à la place encore déserte. Quelques personnes l'observent, groupées sur la via della Conciliazione.

1. Pape François, *Homélie à Sainte-Marthe*, 14 mai 2020.

Le confinement terminé, le pape interrompt l'émission en direct depuis Sainte-Marthe. Il ne veut pas alimenter un culte de sa célébration. Il rappelle que la messe est un rite communautaire entre personnes en chair et en os. Une église virtuelle, ça ne fonctionne pas, insiste-t-il. L'église, les sacrements, le peuple de Dieu doivent être concrets. La télévision et les médias digitaux ont seulement été utilisés en raison de l'urgence : « Pour sortir du tunnel, pas pour rester comme ça[1]. »

Un million et demi de fidèles ont suivi chaque matin la célébration à Sainte-Marthe. Quatre millions de personnes ont prié avec lui le jour du « rosaire pour l'Italie » sur TV2000, la chaîne des évêques, plus un million cent mille en streaming sur les sites d'*Avvenire* et de *Vatican News* ainsi que sur la page Facebook de la Conférence épiscopale italienne (CEI).

Pour Monseigneur Stefano Russo, secrétaire général de l'épiscopat, malgré son impact dramatique, la pandémie constitue un « réveil » pour la société, une expérience qui interroge l'Église tout entière. L'opportunité d'un nouveau départ ; l'occasion de repenser « qui nous sommes et où nous allons : un appel à un style de vie qui donne la priorité à ce qui compte vraiment ».

Dans le tunnel du confinement, la foi a été stimulée. On enregistre des formes de participation plus attentives. Une recherche, menée de mars à avril 2020 par la revue *Nipoti di Maritain* sur des catholiques essentiellement

1. *La Stampa*, 17 avril 2020.

pratiquants, met en évidence plusieurs phénomènes remarquables : le nombre de prières en ligne a triplé, la pratique de la méditation de l'Évangile a fortement augmenté, ainsi que les dévotions à la maison. Naturellement, les messes en direct sont très suivies (mais pas par les jeunes, qui préfèrent se consacrer à des lectures spirituelles ou à la liturgie des heures). Les personnes interrogées déclarent percevoir la « présence aimante de Dieu » et éprouver la créativité du Saint-Esprit.

De même que les prêtres, les fidèles se livrent à un examen de conscience après cet enfermement forcé et se demandent si l'institution ecclésiastique est prête à tirer les leçons d'une expérience aussi particulière. Piotr Zygulski, le directeur de la revue, âgé de vingt-sept ans, explique : « Ils imaginent une Église post-pandémie plus pauvre économiquement mais beaucoup plus riche spirituellement, proche du peuple et attentive à ses besoins. » Plus participative et présente, plus œcuménique, moins cléricale et exhibitionniste[1].

Pendant la saison du confinement, note le théologien Giuseppe Lorizio, enseignant à l'université pontificale du Latran, se manifestent des signes de renaissance du sentiment religieux qu'il faut saisir, sans les perdre dans la routine d'un retour à la prétendue normalité[2].

Le sociologue Franco Garelli, qui tâte depuis des décennies le pouls de l'Église catholique en menant ses enquêtes,

1. P. Zygulski, *Avvenire*, 17 mai 2020.
2. G. Lorizio, *ibid.*, 17 mai 2020.

affirme que chez les catholiques les plus actifs et les plus convaincus, la pandémie a stimulé la recherche de sources spirituelles. Et, au niveau de sa base, l'Église s'est engagée pour assurer des formes de participation alternatives pendant l'arrêt de tous les événements religieux communautaires. Le monde laïque aussi a été impliqué.

Garelli note que les milieux laïques ont prêté attention à François, car il s'est présenté comme une figure « fondue dans les vicissitudes humaines, qui propose le message religieux dans un style simple et de proximité, de participation aux souffrances et aux angoisses ». Le portrait de Bergoglio qui émerge de ces enquêtes est celui d'un pape humble, qui ne parle pas *ex cathedra*, mais touche de manière compréhensible au cœur du discours religieux et des problèmes concrets[1].

Dans ses recherches, Garelli ne fait pourtant pas de cadeaux à l'institution ecclésiastique. Il témoigne de la croissance constante de l'athéisme chez les jeunes de dix-huit à trente-quatre ans (soit plus de 35 %), de la progression d'une « croyance sans appartenance » (c'est-à-dire que l'on croit plus aux valeurs de la religion qu'aux contenus authentiques de la religion révélée) ainsi que d'une « appartenance sans croyance », soit un catholicisme identitaire sans foi concrètement vécue[2].

Pourtant, selon les théologiens et d'autres, l'irruption de la pandémie remet au premier plan le besoin de trouver le

1. R. Maccioni, *Avvenire*, 19 avril 2020.
2. F. Garelli, *Gente di poca fede*, Il Mulino, 2020.

sens de la vie ou de l'indiquer à ceux qui se sentent perdus, blessés, seuls ou abandonnés, « et invoquent Dieu afin qu'il fasse entendre sa voix[1] ». Le cardinal Gianfranco Ravasi, président du Conseil pontifical de la culture, compare la longue période de quarantaine passée chez soi, éloignés de tous, à une période de gestation : d'une certaine manière, chacun est un enfant enfermé dans une matrice, attendant de venir au monde.

Au plus fort de la crise, la voix des experts et des politiques se révèle insuffisante pour répondre à cette quête de sens. Aucun personnage public n'est en mesure d'offrir une vision face à la désorientation générale.

En tant qu'auteur sensible aux vibrations de la société, Sandro Veronesi lance une interrogation polémique : où est la culture laïque, que peut dire la politique ? En 2013, le Vatican sort de la crise de la démission de Ratzinger en élisant le premier pape latino-américain de l'histoire, tandis que le parlement italien s'avère incapable d'élire un nouveau président. Alors que la politique se recroqueville sur elle-même, le pape François soulève les sujets fondamentaux.

La fureur de l'épidémie jette une lumière crue sur la réalité. D'un côté, ordonnances, conférences de presse et chiffres égrenés quotidiennement, de l'autre l'image puissante de François seul sur la place Saint-Pierre, ou d'autres, comme « le curé de Codogno, ou un jeune prêtre de Bergame aperçus par hasard à la télévision, les curés

1. G. Lorizio, *Avvenire*, 17 mai 2020.

sur les réseaux sociaux, les amis prêtres à qui l'on parle au téléphone… ». D'eux seuls, affirme l'écrivain, sont venues l'inspiration, la compassion et la force nécessaires pour affronter la tempête. Sa conclusion est provocatrice. Espoir, dialogue et partage proviennent du monde catholique. Stupidité, étroitesse de vues, conservatisme et bureaucratisme nichent dans la politique laïque[1].

Les cinquante dernières années ont clairement montré que la sécularisation – avec son lot de désenchantement, l'accentuation de la subjectivité, de la liberté de choisir et de créer son propre credo selon les moments de la vie – a mis les structures traditionnelles des institutions religieuses en difficulté de manière irréversible. Aucun pape récent, ni Paul VI, ni Jean-Paul II, ni Benoît XVI, ni François, n'est parvenu à inverser la tendance. En Italie, les catholiques convaincus et pratiquants représentent tout juste 22 pour cent de la population. La crise des vocations masculines et féminines est sans retour.

Ce qui caractérise la carrure d'un pape, c'est sa capacité à porter un message puissant et à être reconnu comme une voix capable de dialoguer avec la société dans son ensemble. François a une vision bien à lui, et il a son mot à dire pour l'avenir du monde après la peste.

---

1. S. Veronesi, *Corriere della Sera*, 8 mai 2020.

CHAPITRE 3

La Bourse ou la vie

Il existe une peste qui empoisonne l'âme de la société. Elle contamine et ruine les peuples. Elle sème la haine et la désunion. « Cela me fait peur », confesse le pape François.

Le 23 février 2020, le pontife se trouve à Bari pour conclure la rencontre des évêques catholiques des pays bordant la Méditerranée. La Covid-19 est en train de se répandre.

En Corée du Sud, l'alerte « rouge » est déclarée. L'Italie, les États-Unis, le Vietnam et l'Iran ont déjà suspendu les vols en provenance des aéroports chinois. En Chine, la région de Hubei, qui compte cinquante millions d'habitants, est isolée. Confinement total pour les onze millions de résidents du chef-lieu, Wuhan, où le virus a émergé dans un « marché humide ». On parle de viande de chauve-souris ou de pangolin entreposée dans des conditions d'hygiène douteuses[1]. Depuis environ deux semaines, on compte des

1. Isprambiente.gov.it.

dizaines de milliers de personnes contaminées et plusieurs centaines de morts par jour[1].

À Bari, François pointe du doigt le virus de la démagogie politique qui alimente la culture de la haine et désagrège la démocratie. « Cela me fait peur », répète-t-il, quand on entend certains dirigeants du nouveau populisme tenir des discours semblables à ceux « qui semaient la peur et la haine dans les années 30 du siècle dernier[2] ». Depuis des années, Bergoglio tire cette sonnette d'alarme. Déjà, en 2017, interviewé par le journal espagnol *El País*, il exhorte à ne pas négliger les effets de la peur et de l'inquiétude qui se répandent dans une société. Dans les années 1930, explique-t-il, l'Allemagne est en ruine, elle veut retrouver son identité et voici que se présente Adolf Hitler, qui proclame : « Moi, je peux. » Et toute l'Allemagne vote pour lui. « Hitler n'a pas volé le pouvoir, il a été élu par son peuple », souligne Bergoglio, avant d'ajouter : « Puis il a détruit son peuple[3]. »

Année après année, Bergoglio répète son avertissement. En 2018, lors d'une rencontre avec des jeunes, il met en garde contre ceux qui alimentent la haine, la violence et la division. L'année suivante, à une assemblée de pénalistes, François évoque de nouveau Hitler, ses discours et les persécutions contre les Juifs, les Tsiganes et les homosexuels, comme paradigme d'une culture de la haine et du rejet.

1. G. Santevecchi, *Corriere della Sera*, 20 mars 2020.

2. Pape François, *Rencontre avec les évêques de la Méditerranée*, 23 février 2020.

3. A. Caño, P. Ordaz, *El País*, 22 janvier 2017.

« Aujourd'hui, ces choses renaissent », alerte-t-il, quelles que soient les étiquettes apposées aux boucs émissaires.

C'est là un aspect particulier du pontificat de Bergoglio. Le Vatican ne relaie pas sa dénonciation. Aucun des cardinaux ou des évêques qui l'entourent ne semble aussi déterminé que lui à comparer la désagrégation de la situation sociale et politique des années 1930 avec les phénomènes qui se déroulent pendant les premières décennies du XXIe siècle. Comme si ses soutiens craignaient de parler avec une telle franchise.

François n'est pas naïf. Aucun Führer n'est posté aux frontières avec des brigades de SS, pas de chemises noires ni brunes dans les rues. Bergoglio veut dire autre chose. Il voit émerger depuis de nombreuses années des mouvements et des leaders qui prêchent incessamment le conflit tribal au sein des États et entre les peuples, l'intolérance extrémiste, l'agression verbale systématique qui pave la route à la violence physique. Voilà le danger qu'il dénonce. En deux autres occasions, pendant la première moitié de l'année 2020, il éprouve le besoin d'en parler tandis que la peste de la Covid-19 prend de l'ampleur dans le monde.

La religieuse polonaise Zofia Zdybicka, élève de Jean-Paul II puis professeure à l'université de Lublin, disait qu'avec Wojtyła le trône de Pierre était occupé par un homme qui comprenait le sens de la « philosophie de l'histoire ». Son pontificat avait providentiellement coïncidé avec les événements historiques qui s'étaient déroulés à l'époque.

Comme Jean-Paul II, François est pleinement immergé dans les dynamiques de la période contemporaine. Sa caractéristique est de prêter attention aux phénomènes sociaux, aux inégalités, à la disproportion entre les intérêts, à l'opposition entre ceux qui cherchent uniquement le profit personnel et les défenseurs de l'idée d'un « bien commun ». Il voit le déséquilibre entre ceux qui détiennent les leviers du pouvoir économique, technologique et politique, et ceux qui sont poussés vers la marge de la société, voire qui en ont déjà été exclus.

Au Vatican, certains affirment en plaisantant que si Bergoglio n'était pas devenu pape, il aurait pu être sociologue. Pendant la pandémie, il continue de tirer l'alarme face aux pulsions populistes. Le danger réside dans la désagrégation des règles de la démocratie libérale et dans l'affirmation de chefs qui entendent gouverner de manière plébiscitaire et autoritaire, sous couvert d'un totalitarisme économique.

Pas de confinement pour les tendances illibérales : la saison du virus mortel ne suspend pas le glissement vers des pratiques du pouvoir que certains politologues qualifient d'« hybrides », car leur emballage est toujours libéral-démocrate, mais leur pulpe a un autre goût.

À Budapest, le 30 mars, le parlement hongrois étend sans limite de temps l'état d'urgence pour la pandémie. Le Premier ministre nationaliste Viktor Orbán se voit confier des pouvoirs exorbitants, dont la suspension par décret de certaines lois ainsi que la mise en place de mesures extraordinaires pour protéger la santé, l'économie et la sécurité personnelle et matérielle. Une palette d'objectifs aux contours flous. Ce paquet inclut une peine de cinq ans de prison pour diffusion de « fausses informations » concernant le virus et l'activité du gouvernement : une manière de museler critiques et opposants. Ferenc Csorbai, maire de Mohács, en fera les frais, mis en examen pour atteinte à la sécurité publique après avoir diffusé une vidéo alertant sur un possible cluster pandémique dans sa ville[1].

L'accès à des pouvoirs sans aucun contrôle, puisqu'il appartiendra au Premier ministre d'en décréter la fin, provoque l'inquiétude de l'Union européenne, du Conseil de l'Europe et du Haut-Commissariat de l'Onu aux droits humains. Dès septembre 2018, le Parlement européen avait décidé à une écrasante majorité d'activer l'article 7 du traité de l'Union européenne sur la violation des droits fondamentaux. Le régime souverainiste-populiste de Budapest est accusé d'avoir imposé des limites à l'indépendance du système judiciaire et des médias, à l'autonomie académique, aux conditions d'exercice des ONG, aux droits des demandeurs d'asile.

En deux mois et demi, Orbán édicte cent quatre-vingts décrets (dont certains sont publiés de nuit au Journal officiel), dont des règlements sans aucun rapport avec la Covid-19, visant à renforcer l'autoritarisme du gouvernement.

Un décret prévoit que la moitié des financements publics aux partis politiques soit reversée à un fonds national de lutte contre la pandémie ; une manière d'affaiblir les

1. G. Rosini, *Il Fatto Quotidiano*, 27 mai 2020.

partis d'opposition qui ne disposent pas des moyens, des ressources et de la visibilité du Premier ministre. Une autre mesure rend plus difficile l'accès aux documents d'intérêt public : quand l'administration disposait de quinze jours pour répondre à une demande, la limite est maintenant portée à trois mois. Ce qui empêche toute transparence sur les arrestations et les perquisitions menées sous prétexte de la lutte contre les « fausses nouvelles[1] », dénonce Dávid Vig, directeur d'Amnesty International Hongrie.

Le bouleversement le plus éclatant apporté par l'état d'urgence est l'accord secret passé avec la Chine pour la construction de la ligne à haute vitesse Budapest-Belgrade, qui implique pour la Hongrie un endettement d'un milliard neuf cents millions d'euros. Une loi rend soudainement secret un tel accord pour une durée de dix ans[2].

En Slovénie aussi, le virus populiste pousse le Premier ministre Janez Janša à se faire accorder des pouvoirs exceptionnels par le parlement le 7 avril. Une cellule de crise, dotée des pleins pouvoirs, est activée pour gérer la situation d'urgence, contournant ainsi les organes constitutionnels. Dix jours plus tard, la cour constitutionnelle slovène intervient d'urgence et déclare la loi illégitime, car elle ne précise pas de limite temporelle à l'état d'exception.

La manière d'exercer le pouvoir des leaders populistes – qui préoccupent le pape François et la diplomatie vaticane – varie selon les latitudes, le tempérament et la

1. *Ibid.*
2. L'état d'urgence a cessé le 17 juin 2020.

culture politique du pays. Cependant, un fil conducteur les rattache aux réflexions papales. C'est ce que le père Bartolomeo Sorge, directeur historique de la revue des Jésuites *Civiltà Cattolica*, estime être l'erreur fondamentale : « Considérer que la majorité parlementaire s'identifie avec le peuple entier, légitimant ainsi le comportement transgressif de dirigeants élus, qui visent à conquérir un espace de pouvoir toujours plus grand. »

Des mots en parfait accord avec la pensée de Bergoglio. Ce n'est pas un hasard si *L'Osservatore Romano* met en une la photo de l'accolade chaleureuse que François donne à Sorge lors d'une audience. Dans l'un de ses livres, le père Bartolomeo précise que le populisme idolâtre le peuple, mais qu'il masque en réalité « la domination d'une minorité » et ne protège pas le bien commun[1].

Dans les situations socio-économiques les plus variées, la gestion de la pandémie au cours de l'année 2020 fait effet de révélateur. Au Royaume-Uni, Boris Johnson, ivre d'enthousiasme après sa victoire électorale qui lui a valu la majorité absolue face aux travaillistes, néglige la progression du coronavirus. Le 12 mars, le conseiller scientifique de Johnson, sir Patrick Vallance, imperturbable, évoque l'hypothèse que « 60 pour cent de la population britannique devra contracter le coronavirus pour développer l'immunité de groupe ». C'est une méchante maladie, explique-t-il, mais elle entraîne majoritairement des symptômes bénins. « Elle se présentera probablement chaque

1. B. Sorge, *Perché il populismo fa male al popolo*, Terra Santa, 2019.

année et deviendra un virus saisonnier.» À ce moment-là, depuis quatre jours, l'Italie a mis en place le confinement total. L'Organisation mondiale de la santé (OMS) a déclaré l'Europe épicentre de la pandémie. Dans de nombreux pays, les écoles, les crèches et les universités sont déjà fermées. Le 14 mars, l'Espagne proclame l'état d'urgence avec des mesures de confinement à l'italienne. Le 16 mars, l'Autriche met en œuvre un blocus total, sauf pour le travail, le ravitaillement, l'aide aux personnes et l'activité physique à l'extérieur. Le 17, la France suit l'exemple. En Allemagne, le gouvernement fédéral établit avec les Länder (les régions) des lignes de conduite contraignantes.

La ligne du gouvernement britannique est en dehors de la réalité. Envisager une «immunité de masse» de 60 pour cent de la population signifie laisser infecter quarante millions de citoyens sur soixante-sept millions. Sans tenir compte du fait que l'immunité conférée par une vaccination de masse est une chose, mais qu'une immunité résultant d'une contamination sans contrôle en est une autre.

Démarquant Winston Churchill et son discours des «larmes et du sang» au début de la Seconde Guerre mondiale, Boris Johnson déclare publiquement: «De nombreuses familles perdront leurs proches avant l'heure.» Les écoles ne sont pas fermées, le travail se poursuit, aucune limite n'est posée aux rassemblements. Seule recommandation: l'isolement volontaire (proches compris) pour ceux qui toussent ou ont de la fièvre, et l'invitation à ne pas appeler d'ambulance et à ne pas se rendre aux urgences pour les personnes ayant des symptômes grippaux. Dans les coulisses du gouvernement, les mesures italiennes de quarantaine sont qualifiées de mascarade.

Une enquête du *Times* révélera que le comité interministériel d'urgence (Cobra) s'était déjà réuni une première fois le 24 janvier, en l'absence de Johnson, qui désertera également les quatre réunions suivantes[1]. En février, le Premier ministre prend deux semaines de vacances. Début mars, il continue à serrer ostensiblement des mains lors de bains de foule. Le confinement général interviendra seulement le 23 mars. Trois mois plus tard, le nombre de morts au Royaume-Uni dépasse les quarante et un mille, le plus élevé d'Europe. Johnson lui-même se retrouve intubé, entre la vie et la mort. Le Premier ministre n'oubliera jamais le moment le plus dramatique : « Quand les médecins ont dû décider de m'intuber, mes chances de survie étaient de 50-50[2]... »

L'histoire officieuse de la peste de 2020 comporte aussi le choix tragique que les médecins du monde entier ont parfois (ou souvent) dû faire face au manque d'appareils et de lits : celui de décider s'ils devaient donner la priorité aux patients assez robustes pour surmonter la maladie ou se concentrer sur ceux dont l'âge ou la condition physique ne leur permettrait peut-être pas de survivre, et qui occuperaient un lit d'hôpital.

Ironie du sort, les deux infirmiers qui ont assisté jour et nuit le Premier ministre favorable à une restriction ferme de l'immigration sont la Néo-Zélandaise Jenny McGee et

1. *Il Post*, 20 avril 2020.

2. D. Wooding, *Corriere della Sera*, 4 mai 2020.

le Portugais Luis Pitarma. Richard Horton, directeur de la prestigieuse revue scientifique *The Lancet*, affirme dans son livre que la gestion de la pandémie par le gouvernement et son groupe d'experts (Sage) a été « le plus grand échec d'une génération ». On comprend entre les lignes que les choix gouvernementaux ont plus été dictés par des considérations de relations publiques et d'intérêts économiques que par l'attention portée aux signaux d'alarme qui provenaient des milieux scientifiques depuis janvier.

L'expérience de la maladie et la deuxième vague de Covid-19 à l'automne 2020 obligeront Johnson à changer radicalement de ligne. Le Premier ministre britannique aura largement recours au confinement. Londres, l'Écosse, le pays de Galles et d'autres régions vivent un Noël « annulé », avec obligation de rester chez soi, sauf pour raisons liées au travail ou à l'éducation. Rassemblements de plus de deux personnes interdits dans l'espace public, salles de sport et de spectacle fermées, bars, pubs et restaurants fermés, magasins vendant des biens non essentiels fermés. (Au début de 2021, le nombre de victimes dépassera 100 000.)

C'est la défaite des politiciens et des lobbies économiques qui ont tenté de minimiser la gravité du phénomène pour préserver les profits, remarque-t-on au Vatican. Cette situation ne concerne pas seulement le Royaume-Uni.

Le pape a immédiatement compris les risques sociaux majeurs liés à la pandémie. Le 28 mars, il écrit à Roberto Andrés Gallardo, président du Comité panaméricain des juges pour les droits sociaux. Certains gouvernements, fait-il remarquer, ont pris des mesures exemplaires pour protéger la population. « Les gouvernements qui affrontent la crise de cette manière montrent les priorités de leurs décisions : les gens d'abord... c'est important. » Mais Bergoglio sait déjà, d'après les rapports qui lui arrivent quotidiennement, que toutes les autorités ne se comportent pas ainsi et que des intérêts économiques pressent pour dicter d'autres priorités. Il affirme donc : « Chacun sait que protéger les gens a un coût économique. Il serait triste d'opter pour une direction contraire, qui provoquerait la mort de nombreuses personnes. » François ne craint pas de prononcer des mots forts. Si les gens ne sont pas la priorité, il s'agirait d'un « génocide du virus[1] ».

Le pape regarde vers le tiers-monde, qui offre un tableau encore plus dramatique. En Europe, dans l'ensemble, la problématique est celle de la robustesse du système sanitaire national (présence de médecins et d'infirmiers, nombre de lits disponibles et d'appareils spécialisés, en particulier les ventilateurs mécaniques), lequel fonctionne, quoique affaibli dans de nombreux pays par des coupes budgétaires dans le domaine de la santé et par l'attribution de financements publics au secteur privé, qui ne doit pas affronter – sauf exception – l'impact massif de la pandémie. Dans d'autres régions du monde, le réseau sanitaire est tout à fait insuffisant et la protection sociale inexistante. Avec pour résultat

1. Pape François, *Lettre à Roberto Andrés Gallardo*, Nodal, 30 mars 2020.

de démultiplier les effets désastreux du virus sur le plan social.

En Inde, le 23 mars à minuit, le Premier ministre Modi déclare le confinement total d'un milliard trois cents millions de personnes. Selon une hypothèse optimiste, trois semaines suffiraient. Modi fait appel au patriotisme nationaliste hindou : la bataille mythique du Mahabharata a duré dix-huit jours, proclame-t-il. « Nous vaincrons le coronavirus en vingt et un[1]. » En réalité, le confinement durera jusqu'au 31 mai, et il apparaît clairement que le tissu social ne tient pas le choc.

Très vite, des millions de personnes se jettent sur les routes, dans l'impossibilité d'assurer leurs revenus précaires dans les grandes villes. Hommes, femmes, vieux, jeunes et enfants longent les autoroutes désertes, baluchon à l'épaule, en une marche désespérée vers leur village d'origine, parfois distant de plus de mille kilomètres. Au Vatican, on observe ces images avec effarement. On ne compte plus les morts d'épuisement, de chaleur, de faim ou de soif. Le virus se répand ainsi des villes vers les campagnes. À la fin de l'année, le nombre de contagions dépasse dix millions, avec plus de cent cinquante mille victimes.

Dès les premières semaines où la peste dépasse les frontières, *L'Osservatore Romano* écrit que la mondialisation doit être repensée de manière radicale face à cet événement comparable à une guerre mondiale. « Si nous continuons à concevoir la mondialisation comme un phénomène

1. A. Nicastro, *Corriere della Sera*, 23 mai 2020.

essentiellement économique, si nous continuons à envisager les continents autres que l'Europe en termes d'exploitation (des réservoirs immenses de main-d'œuvre à bas coût) ou de cupidité (d'énormes marchés potentiels à inonder de produits *made in Europe*), l'ouragan de la Covid-19 ne nous aura rien appris[1]. »

En Afrique, les dégâts sociaux dépassent les conséquences sanitaires. Six mois après l'apparition du virus, le nombre de décès reste relativement bas, moins de dix mille. Cependant, les prévisions de l'OMS sont préoccupantes : à l'été 2021, le nombre de victimes pourrait atteindre cent cinquante mille. Entre-temps, plusieurs pays connaissent des révoltes spontanées contre le confinement. La fermeture générale plonge dans la misère le plus gros de la population. Des manifestations réclamant la reprise du travail pour assurer la simple subsistance se succèdent en Guinée Conakry, au Nigeria, au Burkina Faso, au Kenya, au Mali, en Ouganda. Dans ces pays, 35 pour cent de la population vit dans des bidonvilles.

Au Nigeria, septième producteur de pétrole mondial, le Fonds monétaire international (FMI) prévoit une augmentation du nombre de pauvres de cinquante millions en raison de la pandémie[2]. Le virus se manifeste dans un contexte où 70 à 80 pour cent de la population vit dans une précarité permanente, exerçant des métiers dits informels ou à la journée. Githinji Gitahi, responsable d'AMREF,

1. G. Fazzini, *L'Osservatore Romano*, 23 mars 2020.
2. P. Del Re, *La Repubblica*, 3 mai 2020.

l'une des plus grandes ONG sanitaires africaines, souligne que moins de 20 pour cent de la population africaine possède une assurance santé. Les tests et le traitement à l'hôpital sont payants[1]. Face aux manquements généralisés des systèmes de santé, les élites se réfugient à l'étranger en cas de contamination. C'est ce que tente de faire en avril un haut fonctionnaire nigérian, collaborateur du président Muhammadu Buhari. Touché par le virus, il se précipite à Londres, mais il est refoulé dans son pays, où il meurt.

En avril, le pape crée un fonds extraordinaire des Œuvres pontificales missionnaires doté d'une première somme de sept cent cinquante mille dollars et invite d'autres entités ecclésiastiques à se joindre à cette initiative. La CEI alloue neuf millions d'euros aux projets sanitaires anti-coronavirus dans soixante-cinq pays du tiers-monde. Par la suite, le pape fait parvenir trente-cinq respirateurs aux pays en difficulté d'Afrique, d'Asie, d'Amérique latine et d'Europe (Ukraine). Dans son message de Pâques *urbi et orbi*, François demande l'allégement des sanctions qui frappent les pays mis à genoux par le virus (notamment la Syrie et l'Iran) et pose la question cruciale : intervenir en réduisant « voire en condamnant la dette qui pèse sur les pays les plus pauvres ».

Les pays du G20 (dont fait partie l'Union européenne) se limitent à suspendre les remboursements de la dette pour l'année 2020. Les sommes dues, augmentées des intérêts, devront être payées entre 2022 et 2024. Selon certaines

1. A. Napoli, *Focus on Africa*, 30 juin 2020.

estimations, il s'agirait de douze milliards de dollars, hors intérêts. Il est particulièrement significatif qu'en août 2020 le président de la Banque mondiale, l'Américain David Malpass, éprouve le besoin – dans une interview au journal britannique *The Guardian* – d'avancer l'hypothèse de l'annulation totale de la dette pour les pays les plus en difficulté. Malpass, ancien représentant de l'administration Trump, est frappé par l'irruption sur la scène mondiale de cent millions de nouveaux pauvres.

Depuis de nombreuses années, le Prix Nobel d'économie Joseph Stiglitz a mis en évidence que, pour de nombreux pays en voie de développement ou émergents, « les gouvernements doivent choisir entre payer leurs créditeurs étrangers ou laisser mourir leurs citoyens ». Très estimé par le pape François et membre de l'Académie pontificale des sciences, Stiglitz considère que le modèle néolibéral est en crise et que le moment est venu de repenser les accords internationaux : « Mais pas de la manière qu'envisage le président Trump, à savoir *America First*, ou qui que ce soit avant les autres. D'abord la planète, et d'abord les gens : voilà ce qui compte[1]. »

Le 24 mai, *L'Osservatore Romano* titre en première page que l'OMS a déclaré l'Amérique latine nouvel épicentre de la pandémie. Peu importe que le pape soit latino-américain. Ce qui compte, c'est qu'entre le Mexique et la Terre de Feu se concentrent les exemples tragiques de désastres sociaux et sanitaires. Selon le journal des évêques *Avvenire*,

1. A. Di Bussolo, *Vatican News*, 6 février 2020.

cent treize millions de Latino-Américains vivent dans des « habitats informels », un euphémisme pour désigner les bidonvilles qui s'étendent de manière chaotique. L'OMS estime que quatorze millions de personnes supplémentaires seront condamnées à souffrir de la faim.

La discrimination de classe frappe inexorablement les laissés-pour-compte. Sur les treize mille cas de coronavirus diagnostiqués en mai en Argentine, 80 pour cent le sont dans les faubourgs de la capitale, et 40 pour cent se concentrent dans les bidonvilles, bien que leurs habitants représentent seulement 9 pour cent de la population de la mégalopole de Buenos Aires.

Le spectre de la faim et de la mort est la réalité que Bergoglio exhorte ses contemporains à regarder en face sans s'enfermer dans son propre égoïsme. En cette période, les organisations ecclésiastiques – pas seulement catholiques – se mobilisent au maximum pour secourir leur prochain, quelle que soit sa dénomination. Le pape martèle l'impératif de fraternité : « Porter secours aux affamés, aux vaincus de la vie, aux pauvres, aux besogneux et surtout aux sans-abris. » Il ne s'agit pas de naïveté, mais de réalisme géopolitique, souligne-t-on au Vatican.

Là où le négationnisme populiste vient s'ajouter à la pandémie, la catastrophe atteint des sommets. C'est le cas au Brésil. Dès la fin de mai, *L'Osservatore Romano* annonce que le Brésil est devenu le deuxième pays au monde en nombre de contaminations. Dans le plus grand pays d'Amérique du Sud, l'inconscience d'un président négationniste se heurte aux raisonnements de la communauté scientifique, partagés par de nombreux gouverneurs des États fédéraux. Le premier cas de coronavirus au Brésil est découvert le 25 février, le premier décès est annoncé le 17 mars.

Jair Bolsonaro engage immédiatement une bataille personnelle contre les recommandations d'une quarantaine stricte, favorisant un laisser-faire qui vise à ne pas perturber l'industrie et le commerce. Le virus est minimisé comme une petite grippe, et les appels au confinement qualifiés d'exagérés.

En conflit avec le ministre de la Santé, le président refuse la mise en place d'un confinement efficace, qu'il qualifie de « voie vers la faillite du pays ». Bolsonaro s'en prend aux gouverneurs des États qui ont recours à des mesures strictes. Bien que l'épidémie touche le cercle de ses proches collaborateurs, il se déplace pendant plusieurs semaines à visage découvert, étreint ses fans lors de manifestations publiques, s'affiche en train de commander des saucisses et du Coca-Cola à un stand. Quand, à la fin d'avril, un journaliste lui fait remarquer que le Brésil a dépassé la Chine en nombre de décès, il rétorque : « Que voulez-vous que j'y fasse ? Je m'appelle Messia [le deuxième prénom de Bolsonaro], mais je ne fais pas de miracles[1]. » Le 3 juin, alors que la pandémie est déjà galopante, il renchérit : « Je suis désolé pour les victimes de la Covid-19, mais nous mourrons tous. » À une femme venue le soutenir qui lui demande un mot de réconfort, il assure : « Ayez la foi, nous changerons le Brésil[2]. »

1. L. Capuzzi, *Avvenire*, 30 avril 2020.
2. Ansa, 3 juin 2020.

Dans sa lettre au juge Gallardo, le pape François montre qu'il craint par-dessus tout la démagogie, quand il se dit conscient que protéger la santé des personnes implique des dommages pour l'économie, mais qu'il serait « triste » que le contraire se produise. Au moment où Bolsonaro proclame que « nous mourrons tous », le nombre de décès quotidiens passe à mille deux cents en vingt-quatre heures. On creuse des fosses communes, on rouvre les tombes dans les cimetières pour faire place aux nouveaux cadavres. En Amazonie, le virus se répand rapidement. Chez les natifs, la mortalité est le double par rapport à la population brésilienne. L'année 2019 a été catastrophique pour les incendies, qui ont doublé par rapport à l'année précédente ; 2020 voit l'arrivée de la peste. Pour les neuf cent mille indigènes d'Amazonie, le danger menace la survie même des groupes concernés. À la fin de l'année 2020, les hôpitaux de Manaus sont débordés. Les lits manquent, de nombreux malades sont allongés par terre, on manque surtout de bonbonnes d'oxygène, et des infirmières ventilent les mourants à la main.

Ce qui n'est pas nécessairement pour déplaire aux grandes entreprises minières, d'agriculture extensive et d'élevage. Moins d'indigènes signifie moins d'obstacles à la déforestation sauvage. Ce n'est pas la première fois que les catastrophes, provoquées ou non, servent les objectifs d'une politique de pouvoir. En Irlande, la grande famine de 1845 à 1849, qui vit un million de personnes mourir de faim et un autre million émigrer, fut utilisée par le pouvoir britannique pour régler le « problème irlandais ». En

Ukraine, l'atroce famine de 1932-1933, qui provoqua plus de quatre millions de décès, servit au pouvoir de Staline pour briser la résistance du pays.

Au Brésil, en plein chaos politique – au cours des mois où éclate la pandémie, deux ministres de la Santé et le responsable de la Justice démissionnent, le chef de la police fédérale est limogé tandis qu'il enquête sur l'un des fils de Bolsonaro pour des faits de malversations, et le parlement demande une procédure d'impeachment –, le virus est hors de contrôle. Le 5 juin, le gouvernement brésilien ferme le site officiel contenant les chiffres quotidiens de la Covid-19. Ensuite, il cesse de communiquer le nombre de décès quotidiens. À la fin de l'année, le Brésil compte plus de sept millions de personnes infectées, et deux cent mille morts. Tel est le bilan amer que les experts attribuent à l'absence – ou au refus – d'un pilotage sanitaire. Dans une lettre ouverte, cent cinquante-deux évêques brésiliens accusent le gouvernement de ne pas donner la priorité au bien de tous, mais de privilégier les intérêts d'une « économie qui tue ».

Le commentaire le plus cinglant provient du journal de l'épiscopat italien. En juin 2020, *Avvenire* titrait en une : « Bolsonaro et Trump, les deux présidents aux plus de trois millions de contaminations ». Une évaluation politique qui reprend la vision du pape François. Si à la Secrétairerie d'État du Vatican prédomine naturellement une prudence diplomatique et que, en tant qu'organe du Saint-Siège, *L'Osservatore Romano* est tenu à un style plus mesuré, *Avvenire* peut se permettre un langage libre. Tout en reflétant avec concision la perspective de Bergoglio. Un commentaire de la rédaction sous le gros titre résume la situation : le populiste de Brasilia est président d'un pays où « des États entiers sont aux abois », le populiste de Washington feint d'ignorer que les États-Unis ont atteint les deux millions de contaminations, car il est « trop occupé à chercher à se faire réélire, la Bible à la main ». Sous la direction de l'un des cardinaux les plus proches du pape, Gualtiero Bassetti, président de la CEI, le journal met les pieds dans le plat : « Tous deux sont convaincus que la Bourse et l'économie guérissent tout. Covid-19 compris ? » Le journal des évêques n'en est pas à son premier tacle. « Les populistes dans la panade », avait titré *Avvenire* à l'occasion des ennuis de Trump avec la Cour suprême américaine et d'Orbán avec la Cour de justice européenne.

Ironie de l'histoire, à l'ère des populistes souverainistes, l'Église de Rome, qui s'est fermement opposée à l'avènement de la démocratie libérale du XIXe siècle et s'est compromise sous diverses formes avec les fascismes du début du XXe siècle (et qui, à de rares exceptions près, a couvert les dictatures militaires en Amérique latine), campe aujourd'hui sur une ligne nette de défense du système démocratique. Un système de pouvoirs et de contre-pouvoirs garant du pluralisme et – dans sa version européenne – renforcé par un État social, habituellement étranger aux tentations plébiscitaires qui soumettent les institutions au mythe totalitaire du « peuple ».

Pour François, le populisme identitaire – qui selon les latitudes mise sur l'idéologie souverainiste du Brexit, d'*America First* ou de *Prima gli Italiani* – est ruineux, car il divise les sociétés nationales en pseudo-ethnies supérieures ou inférieures, désunit la communauté internationale et empêche l'action multilatérale de faire face aux déséquilibres de la mondialisation en vue du bien commun. François sait également que le nationalisme souverainiste représente le nouvel opium du peuple, souvent revêtu de symboles religieux, qui perpétue les inégalités et l'exploitation en couvrant les intérêts à l'œuvre.

L'agence missionnaire Asia News rapporte qu'en Inde, sous prétexte de la stagnation imposée par la quarantaine, certains États de la fédération ont autorisé les usines à allonger la journée de travail de huit à douze heures sans majoration, suspendant de fait les conventions collectives, les recours des travailleurs aux tribunaux et le droit de réunion syndicale. En Hongrie, en 2018, le Premier ministre Orbán a promulgué une loi autorisant les entrepreneurs à exiger de leurs salariés jusqu'à quatre cents heures supplémentaires dans l'année, avec un paiement différé jusqu'à trois ans.

Frappés par la tempête de la Covid-19, les États-Unis de Donald Trump révèlent les dangereuses contradictions qui caractérisent le leadership populiste.

La suffisance du chef en est un premier signe. Tout est sous contrôle, affirme au début le président. À partir de février, il minimise pendant six semaines les risques du virus. « Encore un truc des démocrates », fait-il remarquer, méprisant. « Un jour, il disparaîtra par miracle », promet-il. « Une simple grippe fait bien plus de victimes, raconte-t-il en mars, expliquant que trente-sept mille personnes en sont mortes en 2019.

Il n'y a pas de place pour la situation réelle du pays dans ce show. L'horizon du président est la conférence de presse, l'impact à la télévision et sur Twitter, les réseaux sociaux. Ses messages sont apodictiques, ils exigent une confiance inconditionnelle. Trump n'argumente pas, ne prend pas en compte les informations scientifiques. Le virus est présenté comme une surprise : « Personne au monde ne savait qu'il y aurait une pandémie d'une telle ampleur. » Peu après, le président garantit que quiconque aura besoin d'un test pourra y avoir accès. Mais ce n'est pas le cas, comme doit le reconnaître le vice-président Mike Pence, qui dirige la commission d'urgence Covid-19.

Le 17 mars, le ton change. Face à l'emballement des contaminations, Trump renverse la narration : « J'ai toujours senti que c'était une pandémie, avant même qu'on l'appelle comme ça[1]. » Des lignes de conduite sont édictées, sans aucun caractère obligatoire – contre l'avis des experts. Maires et gouverneurs d'États sont livrés à eux-mêmes pour décider de quarantaines et confinements. De temps à autre, le président prophétise l'arrivée du vaccin.

Les conférences de presse où se creuse un fossé évident entre le style assertif du président et l'approche prudente et compétente du docteur Anthony Fauci, qui dirige depuis 1984 l'Institut national des maladies infectieuses, deviennent légendaires. L'immunologue anticipe que le

1. *The Guardian*, 28 mars 2020.

nombre de victimes atteindrait aux États-Unis le chiffre de cent mille ou deux cent mille. En fin de compte, il ne participera plus aux conférences de presse. Le mois d'août se termine avec près de six millions de personnes contaminées et cent quatre-vingt mille victimes. En réalité, Fauci s'est même montré trop optimiste dans son analyse : les États-Unis entameront l'année 2021 avec quatre cent mille morts.

L'année de la pandémie, le *Washington Post* rapporte que depuis le début de son mandat, Trump avait dépassé les vingt mille mensonges, culminant parfois à vingt-trois affirmations fausses par jour. Il s'agit d'une technique de pouvoir et de manipulation des foules. L'agressivité envers les journalistes qui posent des questions dérangeantes, l'insulte systématique des adversaires politiques, les Tweets au langage méprisant et haineux participent de ce style. Considérer tout cela comme une expression du narcissisme de « The Donald » est réducteur. L'homme est à la fois l'acteur et le signe d'un changement profond de la communication, le symptôme de l'extériorité de larges franges de la population aux règles institutionnelles traditionnelles, au concept de respect de la critique, de la considération des faits et de la pluralité d'opinions dans un État démocratique. Si quelqu'un se met en travers du chemin du leader états-unien, il est diabolisé.

Une vision manichéenne imprègne la présidence américaine, un phénomène que dénonçait déjà à l'époque un article de *Civiltà Cattolica* signé par l'un des plus proches collaborateurs du pape François, le père Antonio Spadaro, qui ne craint pas de citer des noms : « Le président Trump lutte contre une entité collective générique, celle des "méchants" (*bad*) ou des "très méchants" (*very bad*). » Spadaro et le coauteur de l'article, Marcelo Figueroa, ajoutent à juste titre que la divinité que brandissent les fondamentalistes politiques, nourris au fondamentalisme religieux comme de nombreux soutiens de Trump, est la « projection idéale du pouvoir en place[1] ».

Trump ne rassemble pas, il divise. On le surnomme le « diviseur en chef », par similitude avec son titre de *commander in chief*, commandant suprême des forces armées américaines. Trump divise sans cesse. Il attaque les gouverneurs du Maryland et de l'Illinois, qu'il accuse d'incompétence dans l'organisation des tests. Il accuse sans aucune preuve les hôpitaux de « planquer » du matériel sanitaire et des respirateurs. Bientôt, l'agitation pour un « retour à la normale » débute. On ne peut pas fermer le pays pendant cinq ans, insiste-t-il.

Mi-avril, face à l'hésitation de nombreux gouverneurs qui refusent de lever le confinement, Trump éructe : « [Les États] ne peuvent rien faire sans l'approbation du président… Quand quelqu'un est président des États-Unis, son autorité est totale. » Vingt-quatre heures plus tard, il sera contraint de faire machine arrière. Cette affirmation est clairement inconstitutionnelle et révélatrice de son esprit totalitaire souverainiste[2]. Le délire de toute-puis-

1. A. Spadaro, M. Figueroa, *La Civiltà Cattolica*, 15 juillet 2020.
2. CNN, 14 avril 2020.

sance imprègne le leadership populiste. Sous le regard stupéfait de ses experts, Trump demande de vérifier si on ne peut pas faire des injections de désinfectant pour lutter contre le virus. Il fera preuve de la même assurance quand il en appellera à l'armée pour réprimer les dures manifestations antiracistes. Son propre ministre de la Défense s'y opposera.

Pendant ce temps, aux États-Unis, les manifestations des « rebelles du confinement » prennent de l'ampleur. Il s'agit essentiellement d'extrémistes de droite, qui manifestent dans certains États contre la « tyrannie », parfois lourdement armés de fusils de combat. « Libérez le Michigan, le Minnesota et la Virginie », tweete Trump pour exciter les manifestants contre les gouverneurs démocrates de ces trois États. Quand, le 1er mai, des groupes de manifestants armés font irruption au Capitole de Richmond, le président ne condamne pas cette action inédite. Il qualifie les manifestants de « très bonnes personnes », en colère car elles veulent retrouver leur vie, et il invite la gouverneure Gretchen Whitmer à se mettre d'accord avec elles. Le président brandit la bannière de la liberté de culte, exige la réouverture rapide des églises dans le but de maintenir la cohésion entre extrémistes de droite et fondamentalistes chrétiens. Le pape François tient la ligne opposée. En Italie, quand la CEI publie un communiqué polémique pour accélérer la réouverture des églises, le pape rappelle : « Prudence et obéissance aux dispositions [du gouvernement italien], pour éviter un retour de la pandémie. »

Quand – au plus fort des manifestations antiracistes et des violences qui se répandent dans tout le pays après la mort de l'Afro-Américain George Floyd, étouffé le 25 mai par un agent de police du Minnesota – Trump se rend à l'église épiscopale St. John à Washington, en face de la Maison-Blanche, et brandit la Bible (non sans que la rue ait été évacuée à coups de matraque et de lacrymogènes), l'évêque épiscopale Mariann Budde condamne avec dégoût l'abus du livre sacré pour livrer « un message antithétique aux enseignements de Jésus[1] ». À Rome, le père Spadaro commente sèchement : « Qui utilise la Bible pour défendre son propre pouvoir mondain face à la tragédie en fait une vanité. » Pendant la même période enflammée, la visite éclair du président et de sa femme au sanctuaire catholique Jean-Paul II provoque la réponse immédiate de l'évêque Wilton Gregory : une manipulation « déconcertante et répréhensible [...]. Jean-Paul II était un ardent défenseur des droits humains[2] ». Lors du consistoire de novembre, Gregory sera créé cardinal par François et deviendra ainsi le premier Africain-Américain à recevoir ce titre. Un signal social et politique fort dans un pays marqué par le suprémacisme blanc.

Durant le dramatique printemps 2020, on peut lire dans *L'Osservatore Romano* l'avis critique d'un économiste jésuite sur « la manière catastrophique dont le gouvernement Trump a géré la pandémie ». L'opposition frontale

1. M. Boorstein, S. Pulliman Bailey, *Washington Post*, 2 juin 2020.
2. A. De Carolis, *Vatican News*, 2 juin 2020.

entre François et le leadership populiste souverainiste de la Maison-Blanche dure depuis deux ans. La pandémie a accentué ce conflit, qui reste masqué uniquement pour des raisons diplomatiques. Le pape est en désaccord avec les gouvernants, Trump en tête, qui n'ont pas agi à temps pour freiner la puissance mortelle du virus, négligeant de placer au premier plan la protection de la population (de ce point de vue, et au-delà des victimes liées aux diverses vagues de l'épidémie, les modes de gestion italien, allemand, espagnol et français ont été les plus appréciés du pape).

« François est furieux de la politique de Trump », confie un archevêque de la Curie proche du pontife. Il est irrité par sa ligne xénophobe anti-immigrés, par le sabotage de l'accord sur le climat, par la propension évidente de son administration à s'attribuer les droits de production ou de préempter un traitement futur, sans la moindre ouverture à une coopération internationale visant à trouver un vaccin accessible à tous.

François considère d'un mauvais œil le trumpisme pour son soutien idéologique transparent aux mouvements suprémacistes blancs. « On ne peut pas tolérer, fermer les yeux sur quelque type de racisme ou d'exclusion qui soit et prétendre défendre la sacralité de la vie humaine », déclare-t-il publiquement pendant les manifestations provoquées par la mort de George Floyd, à l'adresse des fondamentalistes qui allient racisme et lutte contre l'avortement. Tout en condamnant la violence.

Le pape est également furieux à cause de la lettre publique de Monseigneur Carlo Maria Viganò (qui a réclamé la démission du pontife), dans laquelle l'ancien nonce soutient Trump, qu'il qualifie de courageux défenseur du droit à la vie, attaqué par les « fils des ténèbres ». Bergoglio connaît bien l'alliance des ultraconservateurs de l'Église avec la droite politique et économique aux États-Unis. « Pour moi, c'est un honneur d'être attaqué par les Américains », s'exclame-t-il pendant son vol vers le Mozambique en septembre 2019, en référence à un livre consacré à cette alliance[1]. C'est la seule fois où il se laissera entraîner par son tempérament latino antiaméricain.

Cependant, les principales préoccupations de François sont d'ordre géopolitique. Le pape redoute le choix de l'administration états-unienne de soutenir la militarisation de l'espace et de renoncer aux accords de désarmement avec Moscou : le traité INF sur les missiles nucléaires de moyenne portée, le traité Open Skies sur la surveillance mutuelle menée par des avions non armés, le traité New Start sur la limitation du nombre de têtes nucléaires (que Washington n'entend pas proroger au-delà de 2020). Ce n'est pas un hasard si, au Vatican, on cite le discours prononcé à Hiroshima, où François condamne l'utilisation criminelle du nucléaire comme arme et qualifie d'immorale la possession même d'armes atomiques[2].

François considère comme particulièrement dangereux le fond idéologique de la politique étrangère de Trump, car celle-ci brise le multilatéralisme. De son observatoire,

1. N. Senèze, *Comment l'Amérique veut changer de pape*, Bayard, 2019.
2. Pape François, *Discours à Hiroshima*, 24 novembre 2019.

le pape suit avec inquiétude la propagande agressive que le président américain, en difficulté face à la gestion de la pandémie, déploie contre la Chine et l'Organisation mondiale de la santé.

Telle est la loi du souverainisme : désigner des ennemis qui nuisent au bien-être du « peuple ». Trump n'y déroge pas. Le 24 janvier, alors que les États-Unis ne comptent encore que deux cas de Covid-19, Trump fait l'éloge de Xi Jinping. « La Chine a travaillé très dur pour contenir le coronavirus, tweete-t-il. Les États-Unis apprécient grandement les efforts et la transparence [chinoises]... Au nom du peuple américain, je veux remercier le président Xi. » Le 27 mars, Trump évoque un appel téléphonique cordial avec Xi : « [Concernant le virus], nous travaillons au plus près. Grand respect ! »

Entre avril et mai, changement total de cap. Critiqué dans son pays, le président américain appelle systématiquement la Covid-19 le « virus chinois ». Si la Chine s'est rendue intentionnellement responsable de la diffusion du virus, elle doit en payer les conséquences, menace Trump. Le 7 mai, il affirme que les États-Unis ont connu la pire attaque de leur histoire. Pire que l'attaque japonaise de Pearl Harbor. Pire que l'attentat des tours jumelles. « [Le virus] pouvait être bloqué en Chine. Et ça n'a pas été fait[1]. » Il prétend détenir des informations sur l'origine du virus dans un laboratoire chinois à Wuhan. Le secrétaire d'État Mike Pompeo renchérit : « Il y a des preuves substantielles

1. BBC, 7 mai 2020.

[…]. Ce n'est pas la première fois que nous sommes frappés par un virus par la faute des Chinois[1]. » Cependant, les services secrets démentent catégoriquement. Le virus n'est pas né dans un laboratoire et ne résulte pas d'une modification génétique d'origine humaine. Il s'est transmis de l'animal à l'humain.

Dans ce climat d'escalade antichinoise, l'idée est avancée de réclamer à Pékin une compensation des dégâts causés par la diffusion du virus. Deux États républicains, le Missouri et le Mississippi, se mobilisent pour intenter directement un procès à Pékin. En Allemagne, le journal à scandale *Bild Zeitung* chiffre à cent soixante-cinq milliards de dollars le dédommagement dû à l'Allemagne. Lorsqu'on lui demande un commentaire en conférence de presse, Trump évoque la possibilité d'une action de ce genre, déclarant qu'il s'agirait de sommes encore supérieures à celles qu'évoquent les Allemands. « Nous n'avons pas encore déterminé la somme finale, mais elle est très élevée », affirme-t-il. Les drames de l'histoire se mêlant toujours à la comédie, l'hôtel de la Poste de Cortina annonce vouloir porter plainte contre la Chine car, à cause de la Covid-19, l'établissement a vu disparaître toutes ses réservations en raison de l'annulation de la finale de la Coupe du monde de ski alpin.

Parallèlement, les États-Unis s'en prennent à l'OMS, accusée d'être sous influence chinoise. Trump annonce une réduction de son financement, puis qu'il versera la même

1. R. Da Rin, *Il Sole 24 Ore*, 4 mai 2020.

somme que la Chine, avant de manifester son intention de retirer son pays de l'organisation. L'accusation de sujétion aux intérêts chinois est fallacieuse. En juin, l'agence Associated Press révèle l'existence de documents montrant qu'en janvier l'OMS a réclamé à plusieurs reprises des informations détaillées concernant le virus, retenues pendant plus d'une semaine par les autorités chinoises[1]. Pour finir, l'OMS décide que, le moment venu, elle mènera une enquête indépendante et globale sur la pandémie.

Au Vatican non plus on ne se fait pas d'illusions sur la transparence de Pékin concernant les premiers développements de la Covid-19. Dans *L'Osservatore Romano*, l'économiste jésuite Gaël Giraud ne doute pas que l'administration chinoise n'ait pas transmis de manière transparente les informations que certains médecins de Wuhan possédaient déjà, ce qui a provoqué de graves retards[2]. Ce avec quoi le Vatican de François est en total désaccord, c'est la propagande diabolisante selon laquelle la Chine aurait empêché à l'Occident de comprendre au plus tôt la gravité du phénomène. Ceux qui le souhaitaient possédaient déjà tous les éléments dès janvier 2020. Les services de renseignement américains avaient alerté le président Trump à plusieurs reprises. La tentative américaine de saboter l'OMS irrite et inquiète François, car l'activité de protection sanitaire de l'organisation est irremplaçable dans le tiers-monde.

---

1. AP News, 3 juin 2020.
2. G. Giraud, *L'Osservatore Romano*, 10 avril 2020.

Le Saint-Siège et les États-Unis se trouvent dans un camp opposé, car François juge dangereux pour le monde entier le choix de Trump d'engager une guerre froide avec la Chine, au risque d'un conflit armé. Dressant le bilan de la première vague de la peste, François pressent que la politique du président républicain est l'un des principaux obstacles à la régénération du système économique et social international après la pandémie.

La défaite du président républicain aux élections de novembre est accueillie avec soulagement au Vatican. « La victoire de Biden. La guerre de Trump », titre avec un mélange de satisfaction et d'inquiétude le quotidien du Saint-Siège, *L'Osservatore Romano*. Un mois plus tard, Trump encouragera la foule, qui donnera l'assaut au bâtiment du Congrès.

Si l'on demande au ministre des Affaires étrangères du Vatican, l'archevêque Paul Gallagher, comment il évalue les risques de l'affaiblissement de la coopération internationale, le chef de la diplomatie vaticane répond que le multilatéralisme qui s'est développé après la Seconde Guerre mondiale est « indispensable pour l'avenir de l'humanité [...]. Penser résoudre les grands problèmes au niveau national est un fantasme ».

CHAPITRE 4

Un virus dans l'Église

Le virus qui empoisonne le pontificat actuel a des racines lointaines et variées. La « guerre culturelle », déclenchée contre la société moderne à l'époque de Jean-Paul II et qui s'est intensifiée sous le règne de Benoît XVI – avec une obsession pour les principes dits non négociables, formule que le pape François a déclarée incompréhensible peu après son élection – a laissé de profondes traces dans une partie du clergé, et encore plus dans la hiérarchie ecclésiastique. Particulièrement en Amérique du Nord.

Joe Biden venait tout juste d'entamer son mandat de 46e président des États-Unis, félicité par un message cordial envoyé par François, quand il a fait l'objet d'une attaque singulière de la part de la direction de la conférence épiscopale catholique états-unienne. Le pape invoque, pour le deuxième président américain catholique après J. F. Kennedy, une « abondance de bénédictions », souhaitant le voir mettre en œuvre une politique inspirée par la justice, la liberté et le respect inaltérable des droits et de la dignité de chaque personne, « particulièrement des pauvres, des plus vulnérables et de ceux qui n'ont pas de voix », dans l'optique de favoriser le bien commun universel. En revanche, l'archevêque de Los Angeles José Horacio Gomez publie un communiqué au ton bien différent.

Après les vœux d'usage et l'appel de Biden à dépasser les divisions politiques et culturelles du pays, en gage d'appréciation pour son esprit religieux, le président de la conférence épiscopale catholique des États-Unis s'empresse de souligner qu'il y aura des domaines où « nous sommes d'accord et où nous travaillerons ensemble, et des domaines où nous aurons un désaccord de principe et [où il y aura] une forte opposition ». Suivent les chefs d'accusation : « [...] notre nouveau Président s'est engagé à promouvoir certaines politiques qui feraient progresser des maux mortels et menaceraient sérieusement la vie et la dignité humaine, dans les domaines de l'avortement, de la contraception, du mariage et du genre. » Gomez, numéraire de l'Opus Dei, considère comme dangereux pour la liberté de l'Église et de ses fidèles le fait de vivre selon sa propre conscience[1].

Le contraste, de style comme de substance, avec la ligne pastorale du pape Bergoglio est criant. À tel point que le cardinal de Chicago Blase Cupich se sent en devoir d'intervenir par un Tweet critiquant la « prise de position inconsidérée de la conférence épiscopale catholique des États-Unis ». Surpris par ce geste apparemment sans précédent, Cupich fait remarquer que la déclaration de

1. José H. Gomez, *USCCB President's Statement*, 20 janvier 2021.

Gomez n'est pas le fruit d'une rédaction collégiale et que de nombreux évêques en avaient eu connaissance seulement quelques heures avant sa diffusion.

Malgré cela, dès que Biden révoque la décision de Trump de ne pas financer les organisations internationales soutenant le droit à l'interruption de grossesse, la conférence épiscopale américaine publie une condamnation nette, qui accuse le président de violer la dignité humaine et de contrevenir aux principes de la doctrine catholique[1]. Dans le même temps, l'archevêque de San Francisco, Salvatore Joseph Cordileone, attaque frontalement la présidente de la Chambre des représentants Nancy Pelosi, démocrate et catholique, car elle est en faveur de la liberté de choix des femmes en matière d'avortement. «Aucun catholique ne peut, en conscience, favoriser l'avortement, affirme l'archevêque. Notre terre est souillée de sang innocent, et cela doit cesser.» Par ailleurs, immédiatement après les élections de novembre 2020, la conférence épiscopale catholique américaine avait créé un groupe de travail (mené par l'évêque conservateur Allen Vigneron) afin d'examiner la légitimité de Biden à recevoir la communion.

Il ne faut pas oublier que l'aile la plus conservatrice des évêques américains a toujours gardé le silence face aux attaques personnelles proférées par l'ancien nonce Viganò contre le pape François. Viganò lui-même a animé, avec le groupe LifeSiteNews, une «croisade du rosaire» pour la

1. Usccb.org, 28 janvier 2021.

réélection de Donald Trump : « Prions pour sa réélection, que le Seigneur Dieu des armées, Dominus Deus Sabaoth, lui accordera s'il sait se placer sous Sa protection... »

Ces épisodes mettent en évidence les failles au sein de l'Église après sept ans de pontificat de Bergoglio. Aux États-Unis, les évêques dans la ligne de Wojtyła ou de Ratzinger sont en outre majoritaires. Mais, dans des proportions qui varient d'un pays à l'autre, les divisions au sein de la hiérarchie sont les mêmes que dans tout l'univers catholique.

Comme pour le veto à l'ordination d'hommes mariés en Amazonie, la question des femmes diaconesses reste en suspens. Une première commission d'étude n'est pas parvenue à un résultat consensuel. En mai 2019, le pape reçoit en audience les participantes à l'assemblée de l'Union internationale des supérieures générales et reconnaît que le « résultat n'est pas une grande réussite ». Quand le pape laisse place aux questions, une sœur franciscaine germanophone se lève pour parler au nom des « nombreuses femmes qui voudraient servir le peuple de Dieu mais avec les mêmes droits ». Elle demande que la question soit abordée dans l'esprit où le Christ en son temps s'adressait au monde féminin. En d'autres termes, avec une créativité qui dépasse une simple consultation des sources historiques et dogmatiques.

François répond de manière défensive, expliquant qu'il convient de chercher ce qu'il y avait à l'origine de la Révélation : « [...] et s'il y avait quelque chose, faire qu'elle croisse et qu'elle advienne [...]. S'il n'y avait rien, si le

Seigneur n'a pas voulu le ministère sacramental pour les femmes, ça ne va pas[1]. »

Le 8 avril 2020, François institue une deuxième commission d'étude sur le diaconat féminin, menée par le cardinal Giuseppe Petrocchi, archevêque de l'Aquila. Elle est composée de cinq femmes, dont la professeure Anne-Marie Pelletier, une théologienne choisie par François pour écrire les méditations pour la *via crucis* en 2017.

Le mois suivant, le 21 mai, fête de l'Ascension, alors que le siège de Lyon est devenu vacant après la démission du cardinal Philippe Barbarin, la théologienne et bibliste de soixante-treize ans Anne Soupa se porte publiquement candidate au poste d'archevêque. L'objectif est de stimuler une prise de conscience dans l'Église de l'« invisibilité » des femmes. La théologienne a derrière elle une longue carrière. En 2008, elle a créé avec la théologienne et écrivaine Christine Pedotti le Comité de la jupe pour lutter contre la dévaluation des femmes dans l'institution ecclésiastique. En 2009, toutes deux fondent la Conférence catholique des baptisé.e.s francophones. En 2012, dans une interview au magazine *Témoignage chrétien*, Soupa lance l'idée d'un synode des femmes.

Sur la lancée de son initiative à Lyon naît le collectif « Toutes apôtres » : le 22 juillet, sept femmes déposent à la nonciature de Paris leur candidature à des postes d'évêque, curée, diaconesse, nonce, prédicatrice… Entre fin septembre et début octobre 2020, le nonce Celestino

1. Pape François, *Dialogue à l'assemblée UISG*, 10 mai 2019.

Migliore, un vétéran de la diplomatie vaticane, les reçoit individuellement. Ce geste attentionné s'inspire de l'attitude générale de François. Mais au-delà de la courtoisie, aucun résultat, la question semble bloquée d'emblée. Il convient de remarquer que la proposition d'Anne Soupa est subtile : il ne s'agit pas de cléricaliser les femmes, mais de confier la mission d'archevêque, c'est-à-dire de responsable de l'annonce évangélique, à une femme laïque. L'icône est Moïse qui guide son peuple, non Aaron grand prêtre.

En dernière instance, le problème ne consiste pas à accorder « plus d'espace » aux femmes dans l'Église, mais à se rendre compte que la structure cléricale centrée sur les hommes et bureaucratiquement autoritaire montre ses failles. Quand Anne Soupa déclare que la « structure actuelle de l'Église est à bout de souffle et appelle un profond remaniement », elle exprime la pensée de théologiens, de religieuses, d'évêques, de laïcs engagés, de prêtres et de moines dans diverses régions du monde. Difficile à quantifier. Cependant, en dernière analyse, la conscience qu'un cycle historique a atteint son terme compte plus que les chiffres. La question féminine remet en cause tout le modèle sur lequel l'Église s'est structurée depuis l'édit de Constantin, et non seulement son empreinte patriarcale héritée du judaïsme. Parallèlement aux signaux venus de France, le *Chemin synodal* entrepris conjointement par la conférence épiscopale allemande et le Comité central des catholiques allemands (l'organisation du laïcat) met sur la table les questions les plus brûlantes : 1. Pouvoir et partage des pouvoirs dans l'Église. Participation à sa mission ;

2. L'existence du prêtre aujourd'hui ; 3. Les femmes dans les ministères et dans les offices de l'Église ; 4. Vie relationnelle, sexualité, partenariat. Autant de thèmes potentiellement explosifs pour les équilibres théologico-idéologiques au sein de l'univers catholique. Bien que la pandémie ait ralenti le programme synodal, il n'est pas à l'arrêt. Et ce, malgré l'opposition des évêques les plus conservateurs et les avertissements alarmés venus du Vatican. Sur la mission des femmes, bien que François ait affirmé que le sacerdoce féminin n'est pas pensable, les deux principaux cardinaux du monde germanophone – Reinhard Marx de Munich et Christoph Schönborn de Vienne – sont convaincus que la discussion doit rester ouverte.

Au-delà de la limite concernant l'ordination sacerdotale des femmes, le pape argentin poursuit son objectif d'intégrer toujours davantage les femmes dans le gouvernement central de l'Église. Il nomme une religieuse française, Nathalie Becquart, sous-secrétaire du Synode des évêques : elle sera la première femme à exercer le droit de vote lors des assemblées synodales. Catia Summaria, magistrate italienne, devient la première femme promotrice de justice (procureure) à la cour d'appel du Vatican. L'économiste sœur Alessandra Smerilli, enseignante à l'université pontificale Auxilium, est choisie comme coordinatrice du groupe de travail sur l'économie de la commission d'études vaticane sur les perspectives socio-économiques et culturelles après la pandémie. Six autres femmes sont appelées au Conseil pour l'économie en tant qu'expertes : elles viennent d'Allemagne, d'Espagne et de Grande-Bretagne.

Enfin, en modifiant le Code de droit canonique, François statue que tous les laïcs – y compris les femmes – peuvent accéder à travers un rite liturgique aux fonctions de lecteur et d'acolyte. Proclamer la parole de Dieu et prendre soin du service à l'autel sont des fonctions que les femmes exercent de fait depuis des décennies. Pourtant, avec la modification du Code de droit canon, François désarticule de vieux schémas et ouvre la voie à de nouvelles innovations. Il ne faut pas oublier que, si les décisions du synode amazonien n'ont pas été actées, elles n'ont pas non plus été rejetées : elles restent sur la table.

Pendant l'année de la pandémie, la Curie romaine connaît l'apogée d'un scandale financier de vastes proportions – une spéculation désastreuse de trois cents millions d'euros – qui rappelle les affaires troubles précédant la démission de Benoît XVI. Des événements qui poussèrent les cardinaux-électeurs du conclave de 2013 à demander à son successeur d'assurer la transparence des finances du Vatican.

Le jeudi 24 septembre 2020, en fin d'après-midi, le cardinal Angelo Becciu a une entrevue avec le pape François. Il s'agit d'une rencontre hebdomadaire de routine, le cardinal est préfet de la Congrégation pour la cause des saints. Il ressort bouleversé de cet entretien de vingt-trois minutes. Dès son entrée, le pape l'informe qu'il ne jouit plus de sa confiance et le contraint à quitter la direction de la congrégation. Mais ce n'est pas tout. François communique au cardinal stupéfait la déchéance de ses privilèges de cardinal : la participation au conclave, et la possibilité de faire partie des organismes et des commissions de la Curie. À l'heure du dîner, les Romains et les médias internationaux apprennent par un communiqué de trois lignes que « le Saint-Père a accepté la démission de la charge de préfet de la Congrégation pour la cause des saints ainsi que des droits liés au cardinalat, présentée par Son Éminence le cardinal Giovanni Angelo Becciu. »

Personne ne connaissait à l'avance la décision drastique de Bergoglio. Un geste sans précédent depuis l'affaire du cardinal Louis Billot, contraint à la démission par Pie XI en 1927 pour sa proximité avec l'Action française. Il s'agit du coup de théâtre final d'une affaire en cours depuis plus d'un an. Becciu, soixante-douze ans, originaire de Sardaigne, a été de 2011 à 2018 le puissant numéro 3 du Vatican : Monseigneur le substitut (en pratique, sous-secrétaire d'État), homme de confiance de Benoît XVI et de François. C'est lui qui dispose des fonds réservés de la Secrétairerie d'État : un « coffre-fort » d'environ sept cents millions d'euros. En 2013, il décide d'investir dans l'achat d'un immeuble de luxe à Londres, au 60 Sloane Avenue. Un très mauvais investissement. Le Vatican ne détient que 45 pour cent des parts de la société luxembourgeoise propriétaire de l'immeuble. Par ailleurs, cet immeuble est soumis à une hypothèque à taux variable (à hauteur de 8 pour cent). En cinq ans, la valeur de l'investissement s'effondre. Les opérations révèlent la présence d'étranges financiers et intermédiaires qui siphonnent les caisses du Vatican.

En novembre 2018, le nouveau substitut, le Vénézuélien Edgar Peña Parra, tente d'acquérir la pleine propriété du bâtiment ainsi que sa gestion. En juin 2019, l'IOR, la banque du Vatican, se voit demander une avance de cent cinquante millions d'euros pour refinancer le crédit de l'immeuble. Cependant, l'IOR et le bureau du réviseur général du Vatican trouvent l'opération irrégulière et, le 2 juillet, transfèrent la documentation au promoteur de justice (le procureur général du Vatican). Une enquête est lancée.

À une période où le bilan du Vatican est dans le rouge d'environ soixante-dix millions, la mauvaise gestion du fonds réservé de la Secrétairerie d'État éclate comme un scandale, rendu public par l'intervention de la justice vaticane. Le 1er octobre, la gendarmerie perquisitionne les bureaux de la Secrétairerie d'État – un événement inédit – ainsi que le siège de l'Autorité d'information financière (AIF), fouille les tables et saisit les ordinateurs. Le lendemain, on apprend la suspension de cinq fonctionnaires ecclésiastiques et laïques. Monseigneur Mauro Carlino de la Secrétairerie d'État, secrétaire particulier du cardinal Becciu depuis des années, Tommaso di Ruzza, directeur de l'AIF, et trois autres personnes appartenant à la première section de la Secrétairerie d'État. Les photos signalétiques de cinq suspects sont diffusées afin de leur empêcher l'accès au territoire du Vatican. (La fuite de ces photographies dans la presse causera le limogeage du commandant de la gendarmerie, Domenico Giani – ce qui ressemble davantage à un prétexte pour se débarrasser d'un personnage jugé trop puissant et proche de Becciu[1].)

1. C. Marroni, ilsole24ore.com, 25 septembre 2020.

Quelques semaines plus tard, le secrétaire d'État Pietro Parolin qualifie de « plutôt opaque » toute l'opération de Sloane Avenue montée par Becciu et promet de la tirer au clair. Le cardinal Becciu rétorque, acerbe : « Il s'agit d'accusations destinées à me salir, que je rejette avec fermeté et mépris. » Pendant ce temps, à la Curie, un autre pion important de son système de pouvoir tombe. Monseigneur Alberto Perlasca, trésorier pendant onze années des fonds réservés de la Secrétairerie d'État et proche du cardinal, est démis de ses fonctions. Les procureurs du Vatican Gian Piero Milano et son adjoint Alessandro Diddi font perquisitionner son domicile. Par la suite, ils feront saisir ses comptes courants en Suisse. En silence, les deux monsignors les plus proches de Becciu – Carlino et Perlasca –, sont radiés du service diplomatique du Saint-Siège et renvoyés dans leur diocèse d'origine.

Le 15 février 2020, alors que la peste du coronavirus est aux portes de l'Europe, le pape François fait le point sur la situation lors de l'ouverture de l'année judiciaire. Il souligne son exigence de lutter contre l'illégalité dans le domaine de la finance, et met en lumière l'importance de contrôles sévères et efficaces comme ceux « qui ont récemment mis en lumière des situations financières suspectes ». Au-delà d'éventuelles irrégularités, des opérations de ce type « se concilient mal avec la nature et la finalité de l'Église, et ont engendré désorientation et inquiétude au sein de la communauté des fidèles », affirme François[1].

1. Pape François, *Ouverture de l'année judiciaire*, 15 février 2020.

L'été passé, la tête de Becciu tombe. Les médias relaient une tentative de sa part pour faire obtenir des fonds provenant de l'obole de Saint-Pierre à une coopérative sociale sarde, gérée par son frère Tonino. D'autres révélations mettent en évidence un financement important d'un million et demi d'euros, garanti par le pétrolier angolais Antonio Mosquito, à un consortium producteur de bière, dont le président est Mario Becciu (un autre frère du cardinal), qui enseigne la psychologie à l'université des Salésiens à Rome. Il affirme avoir déjà reçu huit cent mille euros de la part de Mosquito, et qu'un « contrat régulier prévoyant la restitution des fonds[1] » a été signé. En réalité, de 2001 à 2009, le futur cardinal Becciu a été nonce en Angola, il connaît personnellement Mosquito : en 2013, alors qu'il était substitut, la Secrétairerie d'État envisageait un investissement de deux cent cinquante millions d'euros dans des plateformes pétrolières avec la société de Mosquito. Finalement, l'affaire n'aboutit pas.

Dans ce tourbillon d'argent apparaît également une femme. L'enquête du Vatican sur l'affaire Becciu met en évidence le rôle de Cecilia Marogna, une Sarde de trente-neuf ans qui se présente comme experte en renseignement. Elle est porteuse d'une lettre à en-tête de la Secrétairerie d'État signée par le substitut Angelo Becciu le 17 novembre 2017. Une garantie solide. Le courrier atteste que « madame Marogna prête service professionnel en tant qu'analyste géopolitique et consultante en relations

1. Farodiroma.it, 29 septembre 2020.

internationales auprès de la Secrétairerie d'État, section des Affaires générales ».

Un an plus tard, le 19 décembre 2018, naît à Ljubljana, en Slovénie, la société Logsic d.o.o., dont Marogna est administratrice, et dont l'objet est d'assurer une « assistance sociale non résidentielle ». L'adresse de la société n'est qu'une boîte à lettres partagée avec cinq autres noms et un bureau fermé, sans plaque. Les enquêteurs du Vatican relèvent que du 20 décembre 2018 au 11 juillet 2019, neuf virements arrivent sur le compte courant de la société, pour un montant total de 575 000 euros. Motif indiqué : « contribution pour mission humanitaire ». L'enquête de la gendarmerie papale sur les extraits de compte bancaire met en évidence que les cartes de crédit de Marogna ont servi à des dépenses qui « n'ont aucun rapport avec des fins humanitaires ». Des paiements dans des magasins Prada, Tod's, Missoni, Louis Vuitton, Max Mara, des supermarchés et des établissements de luxe comme l'hôtel Bagni Nuovi à Bormio et l'hôtel Cervo sur la Côte d'émeraude, en Sardaigne.

Dans une interview au *Corriere della Sera*, Cecilia Marogna explique qu'elle a « bâti un réseau de relations en Afrique et au Moyen-Orient pour protéger les nonciatures et les missions contre les risques environnementaux et la menace terroriste », et qu'elle a dû payer des personnes en Afrique pour « gérer les crises » et les relations publiques[1].

1. F. Pinotti, *Corriere della Sera*, 6 octobre 2020.

Cependant, la presse italienne ne semble pas convaincue que Mme Marogna soit considérée comme une brillante 007 par la communauté du renseignement. Du 13 au 30 octobre 2020, Marogna est détenue à Milan en attente d'une extradition vers le Vatican, finalement rendue impossible en raison de l'absence de traité spécifique entre l'Italie et le Saint-Siège. Toutes ces affaires « ne peuvent que provoquer le désarroi », reconnaît le secrétaire d'État Parolin.

Au fil des ans, le pape a commis des erreurs, dont deux d'une importance particulière. Quand, en juin 2017, il reçoit la nouvelle du renvoi devant les tribunaux du cardinal Pell pour des actes de pédophilie présumés (dont il sera acquitté en 2020), François le suspend de ses fonctions. Une décision irréprochable. L'erreur du pape est de ne pas nommer immédiatement à sa place un chef du secrétariat pour l'Économie aussi énergique.

Chacun sait en effet que Pell s'était fait de nombreux ennemis au Vatican, car il ne tolérait pas les fiefs financiers indépendants et exerçait, comme l'exigeait son mandat, un contrôle rigoureux en matière de transparence de l'emploi des fonds gérés par les diverses administrations du Saint-Siège.

La décision du pape de laisser le secrétariat se limiter pendant deux longues années à une administration courante a donné aux barons de l'appareil du Vatican le signal qu'ils s'étaient libérés des « ingérences » du rude Pell.

Un signal doublement néfaste, car il a donné un coup d'arrêt à l'action réformatrice, mais aussi parce qu'il n'a pas tenu compte du fait qu'une partie des cardinaux conservateurs – dont des personnalités proches de Ratzinger – étaient favorables à une opération de transparence.

Deuxième erreur, pendant le même mois de juin 2017, le réviseur général du Vatican est limogé : Libero Milone, un professionnel au CV irréprochable, plus de trente ans de carrière dans la société internationale d'audit financier Deloitte. Comme Pell, lui aussi avait remarqué que ses efforts pour clarifier les comptes des administrations du Vatican étaient sabotés. Le substitut de l'époque, Angelo Becciu, le convoqua à l'improviste pour l'informer qu'il n'avait plus la confiance du pape. Le commandant de la gendarmerie Domenico Giani menaça de l'arrêter. Milone fut mis en cause à tort pour détournement de fonds et pour avoir confié à une agence extérieure une enquête sur la vie privée de responsables du Saint-Siège. Un an plus tard, le tribunal du Vatican est contraint de certifier qu'aucun dossier n'a été ouvert sur lui : aucune enquête, aucune condamnation, Milone est irréprochable.

Milone envoie une lettre au pape par un canal sûr pour lui expliquer qu'il est victime d'un coup monté. Cependant, il ne reçoit aucune réponse du pape. Pourtant, Milone était en mesure de révéler beaucoup de choses à François. S'il lui avait accordé une audience, le pape aurait pu se faire une idée documentée et réaliste des résistances et des risques de détournement de l'appareil du Vatican.

L'affaire Becciu constitue un choc pour le pape argentin, qui l'a personnellement créé cardinal. Il en tire cependant la leçon. Tandis que le scandale se répand, le pape inocule graduellement des anticorps dans la Curie.

En octobre 2019, il nomme président du tribunal du Vatican Giuseppe Pignatone, un magistrat italien qui s'est distingué dans la lutte contre la mafia et la corruption. Le mois suivant, il nomme l'ancien directeur de la surveillance de la Banque d'Italie, Carmelo Barbagallo, à la tête de l'Autorité d'information financière du Vatican (AIF). Dans le même temps, il nomme le jésuite espagnol Juan Antonio Guerrero Alves préfet de la Secrétairerie pour l'économie, qui décrit ainsi la tâche que lui a confiée le pape : « Contribuer à la transparence économique du Saint-Siège et faire un usage efficace des biens et des ressources au service de la mission évangélisatrice de l'Église[1]. »

Ainsi, 2020 n'est pas seulement l'année où le pape affronte la pandémie sur la scène publique, mais aussi celle où il se consacre à lutter contre le virus de la corruption et de la mauvaise gestion financière au sein du Vatican. L'AIF devient l'« Autorité de supervision et d'information financière » (ASIF) : en plus de la lutte contre le blanchiment d'argent, elle étend ses compétences au contrôle prudentiel des opérations de la banque vaticane, l'IOR. Un règlement pour les appels d'offres est promulgué, qui centralise les achats, et oblige les diverses administrations du Vatican à mettre en place des procédures de transparence et à calculer la soutenabilité de leurs dépenses. Dans le même temps, François promulgue une nouvelle loi sur l'organisation

1. *Vatican News*, 14 novembre 2019.

judiciaire du Vatican, qui renforce l'administration et l'autonomie du bureau du promoteur de justice (le parquet) en garantissant autonomie et indépendance à la magistrature – bien que le pape en reste le chef suprême –, et en confiant directement aux magistrats la disponibilité de la police judiciaire. « Dans l'exercice de leurs fonctions, ceux-ci [les magistrats] sont seulement sujets aux lois [1] », stipule la nouvelle loi.

C'est la stratégie de la tortue. Pas à pas, François pose les tuiles d'une mosaïque de réforme. Entre les cérémonies sur la place Saint-Pierre dramatiquement vide et les initiatives pour stimuler une régénération économique et sociale post-pandémie, François prend une décision qui révolutionne le système financier du Vatican. Tous les fonds à disposition des diverses administrations vaticanes, y compris les fonds réservés de la Secrétairerie d'État, passent par une centrale unique : l'APSA, l'Administration du patrimoine du Siège apostolique.

Dirigée par un fidèle de François, l'évêque Nunzio Galantino, ancien secrétaire de la CEI, l'APSA gérera les fonds. Le contrôle de leur utilisation sera soumis à la Secrétairerie pour l'économie. Cependant, l'APSA aura aussi d'autres attributions. Elle sera la seule institution de la Curie à gérer et à administrer les patrimoines mobiliers et immobiliers du Saint-Siège. L'objectif, explique Galantino, est de « définir des procédures administratives

1. Pape François, *Loi CCCLI*, 16 mars 2020.

claires, contrôlables et contrôlées [...] afin que les fidèles aient le droit de savoir comment sont gérées les ressources qui nous sont confiées[1] ». Pour séparer les fonctions politiques et économiques, le pape décide également que le secrétaire d'État ne fera plus partie de la commission de vigilance de l'IOR.

En fin de compte, c'est paradoxalement la ligne d'un contrôle centralisé qui s'affirme, celle voulue par le cardinal Pell, le « ranger » comme l'appelait François. Au lendemain du limogeage de Becciu, le cardinal âgé de quatre-vingts ans commente depuis Sydney: « Le Saint-Père a été élu pour faire le ménage dans les finances du Vatican. Il joue une partie longue, et il faut le féliciter et le remercier... J'espère que le ménage des écuries continuera. »

« La propulsion du pontificat est-elle encore active ? » se demande au début de septembre 2020 le jésuite Antonio Spadaro, directeur de la revue *Civiltà Cattolica*[2]. Ce proche collaborateur du pape François a conscience de la désorientation provoquée dans une importante part de l'opinion publique par le ralliement public du pape émérite Ratzinger aux cardinaux les plus conservateurs afin de s'opposer aux résultats innovants du synode sur l'Amazonie: la possibilité de conférer le sacerdoce à des diacres mariés et de prévoir une fonction officielle (un « ministère » dans le jargon ecclésiastique) pour les femmes au sein de l'Église. La décision de Ratzinger de publier un livre

1. P. Rodari, *La Repubblica*, 29 décembre 2020.
2. A. Spadaro, *Civiltà Cattolica*, 5 septembre 2020.

avec le cardinal Robert Sarah pour réaffirmer le rôle exclusif du clergé célibataire dans l'Église catholique de rite latin a été largement interprétée dans les milieux catholiques et laïques comme un coup décisif porté à l'élan réformateur de François.

Spadaro souligne qu'il ne faut pas imaginer le pape dessiner une *road map* de réformes institutionnelles élaborées dans l'esprit d'un projet fonctionnel et organisationnel. Il n'existe pas de plan abstrait d'une réforme à appliquer à la réalité, car la réforme est avant tout un processus où conversions spirituelle, pastorale et structurelle vont de pair, explique le jésuite.

Bien qu'animé par la préoccupation de défendre le pontificat de Bergoglio d'une vague de déception, l'article du père jésuite jette cependant un éclairage intéressant sur la mentalité de François, sa tactique et sa stratégie.

François est un animal politique – ses collaborateurs du diocèse de Buenos Aires le disaient déjà –, il sait avancer en zigzag. François crée dans l'Église les conditions structurelles pour un dialogue réel et ouvert, affirme le directeur de la revue des Jésuites. « L'un des principes fondamentaux de la vision de Bergoglio [est que] le temps est supérieur à l'espace. Réformer signifie mettre en branle des processus ouverts… Le chemin s'ouvre en marchant. » Dans son homélie de Pentecôte 2020, le pape condense ce concept en une image : « Les Apôtres vont : sans préparation, ils se mettent en jeu, ils sortent. »

Dans cette stratégie basée sur l'initiation ou l'accompagnement de processus historiques, la capacité à faire publiquement son autocritique joue un rôle important. Spadaro cite la lettre à l'Église chilienne, dans laquelle François déclare officiellement à propos du réseau de violeurs dans les hauts niveaux de la hiérarchie locale : « J'ai commis de graves erreurs d'évaluation et de perception de la situation, en particulier par manque d'informations véridiques et équilibrées. Je demande pardon à tous ceux que j'ai offensés[1]… »

Un deuxième élément est à noter dans l'approche du pape Bergoglio. Ses objectifs de réformes, remarque Spadaro, peuvent être atteints par un geste minime, dans une homélie à Sainte-Marthe, une annotation sur un document, la rencontre avec une personne.

L'automne de l'année 2020 est également l'automne de son pontificat : François entre dans sa quatre-vingt-cinquième année de vie, la huitième de son pontificat. Après le consistoire d'octobre, les cardinaux-électeurs du futur conclave sont désormais majoritairement choisis par Bergoglio. En ce moment, la stratégie des pas graduels le pousse à placer autant de pions que possible au bon endroit. Dieu et l'Église aiment les homosexuels, car ils sont tous enfants de Dieu, déclare-t-il à Rome à un représentant de l'association « Tenda di Gionata », qui rassemble les parents d'enfants gays[2]. « Les homosexuels ont le droit d'être une famille […], ils ont le droit à une famille », affirme-t-il dans un documentaire du cinéaste russe Evgeny Afineevsky,

1. Pape François, *Lettre aux évêques du Chili*, 8 avril 2018.
2. P. Rodari, *La Repubblica*, 16 septembre 2020.

faisant remarquer qu'il a toujours été favorable aux unions civiles[1]. Ces quelques mots parachèvent une volte-face amorcée peu après son élection et enterrent définitivement la doctrine homophobe séculaire de l'Église, renvoyant au passé la distinction de Ratzinger et de Wojtyła selon laquelle les homosexuels doivent être respectés en tant que personnes, mais s'ils vivent leur sexualité ils ont un comportement « intrinsèquement mauvais du point de vue moral », car leurs penchants mêmes doivent être considérés comme « objectivement désordonnés[2] ».

Un autre virage radical s'est effectué en silence. Celui-ci concerne les représentants de la haute hiérarchie du Vatican ou de la diplomatie appelés à répondre d'abus présumés ou de conduite inappropriée devant les tribunaux. Quand le cardinal Pell est convoqué au tribunal, François le suspend de ses fonctions et le renvoie en Australie faire face aux juges. L'exact opposé de ce qui s'était passé avec le cardinal états-unien Bernard Law qui, après les révélations fracassantes du *Boston Globe*, risquait d'être jugé pour avoir à plusieurs reprises couvert les abus commis par le clergé de son diocèse : Jean-Paul II l'avait rappelé à Rome, où il lui avait confié la basilique de Sainte-Marie-Majeure pour lui éviter le procès.

En France, quand le nonce Luigi Ventura est accusé d'agressions sexuelles, le pape décide de révoquer son

1. *Huffington Post*, 21 octobre 2020.

2. J. Ratzinger, *Soin pastoral des personnes homosexuelles*, 1er octobre 1986.

immunité diplomatique. Ventura est condamné par le tribunal de Paris le 16 décembre 2020 à huit mois de prison avec sursis pour agressions sexuelles (attouchements aux fesses) sur quatre personnes de sexe masculin. L'ancien nonce a renoncé à faire appel.

On remarque aussi l'application d'une stratégie de transparence dans l'affaire Becciu. Contrairement au passé, un scandale financier au Vatican n'est pas rendu public par des fuites ou des révélations à la presse : ce sont les mécanismes de contrôle, certains institués par Benoît XVI, d'autres (comme le réviseur général) créés par le pape argentin, qui révèlent les malversations. « C'est la première fois qu'au Vatican, le pot aux roses est découvert de l'intérieur, et non de l'extérieur[1] », commente François.

L'opinion publique a été frappée qu'un membre du gouvernement du Saint-Siège comme le cardinal Becciu ait été poussé à la démission parce qu'il n'inspirait plus confiance au pape ni à la communauté des fidèles qui font des offrandes à l'Église. La révélation sans fard de ce désastre économique a été jugée de manière tout aussi positive.

Pour comprendre la différence, il suffit de se rappeler la fermeture totale du Vatican à l'époque de Jean-Paul II par rapport à la faillite de la banque Ambrosiano (qui a culminé avec la pendaison de Roberto Calvi au pont des Frères noirs de Londres) et aux compromettantes lettres de patronage signées par Monseigneur Marcinkus en faveur du banquier en faillite. À l'époque, le Vatican s'était muré dans le silence

1. Pape François, *Conférence de presse*, 26 novembre 2019.

et s'était contenté de payer aux créanciers internationaux deux cent cinquante millions de dollars au titre de « contribution volontaire ». L'hypocrisie officielle ne fut brisée qu'en 2017 par le cardinal Pell, alors préfet de la Secrétairerie pour l'économie, qui révéla que la somme payée en sous-main par le Vatican atteignait 406 millions de dollars.

La condamnation en première instance prononcée par le tribunal du Vatican à l'encontre de l'ancien président de l'IOR Angelo Caloia (et de l'avocat Gabriele Liuzzo) pour la vente de vingt-neuf immeubles de la banque vaticane et d'une société contrôlée vient aussi s'insérer dans cette opération de nettoyage. Selon l'accusation, Caloia, quatre-vingt-un ans, a vendu des immeubles à un prix nettement sous-estimé et se serait approprié la différence, soit environ cinquante-neuf millions d'euros, partiellement blanchis en Suisse. Caloia a été condamné à huit ans et onze mois de réclusion et à 12 500 euros d'amende. Le tribunal lui a confisqué trente-huit millions d'euros. L'ancien président de l'IOR a par ailleurs été condamné (solidairement avec l'avocat Liuzzo) à payer plus de vingt millions d'euros de dommages et intérêts à la banque vaticane et à la société contrôlée SGIR[1]. Un événement inédit dans l'histoire du Vatican.

François est le seul pape de l'histoire contemporaine à avoir exclu du collège électoral trois cardinaux. L'ancien primat d'Écosse Keith O'Brien pour abus de pouvoir dans

1. Sentence du tribunal de l'État de la Cité du Vatican, *Procédure pénale Angelo Caloia, Gabriele Liuzzo, Lamberto Liuzzo*, 21 janvier 2021.

des rapports sexuels avec des séminaristes. Le cardinal italien Angelo Becciu pour usage inconsidéré des deniers de l'Église. Le cardinal états-unien Theodore McCarrick pour abus sur mineurs. Dans tous les cas, la pourpre n'a pas couvert les crimes. Quel que soit le successeur de Bergoglio sur le trône de Pierre, ces précédents ne seront plus réversibles.

L'affaire McCarrick a longtemps été une épine dans le pied de François. Depuis que, le 26 août 2018, l'ancien nonce des États-Unis Carlo Maria Viganò a accusé publiquement le pape de ne pas avoir voulu intervenir contre le cardinal McCarrick (coupable en tant qu'évêque et cardinal de rapports sexuels avec des séminaristes majeurs, puis, comme on l'a découvert par la suite, d'abus sur mineurs), et de l'avoir couvert, tolérant au Vatican des groupes homosexuels. La campagne de Viganò, vigoureusement soutenu par des groupes et des sites Internet ultraconservateurs, avait pour mot d'ordre : « François, démission ».

Le pape a su garder son sang-froid. Tandis que McCarrick affrontait un procès ecclésiastique et perdait son statut clérical, la Secrétairerie d'État compilait un volumineux dossier de 447 pages, rendu public le 10 novembre 2020[1]. Le dossier met en évidence le système de protection qui a permis l'ascension dans la hiérarchie états-unienne de ce séducteur désinvolte de majeurs et abuseur de mineurs. Dans ce cas précis, les pontificats de Wojtyła et de Ratzinger, que les détracteurs de François brandissent

1. Vatican.va, *Rapport McCarrick*, 10 novembre 2020.

structurellement comme d'authentiques étendards de la « véritable doctrine », ont été impitoyablement démasqués pour leurs silences tragiques et dilatoires. Il est aujourd'hui prouvé que l'entourage de Jean-Paul II a tenacement refusé de recueillir les dénonciations du comportement de McCarrick, favorisant un climat d'omerta. Ratzinger, pour sa part, bien qu'il ait disposé de tous les pouvoirs pour mener une enquête exhaustive sur le cardinal américain, a préféré s'en remettre à l'oubli.

Ainsi, le défi lancé par l'ancien nonce Viganò à François a viré à la défaite, dans laquelle est entraînée la crédibilité d'une grande partie du camp anti-Bergoglio. D'autant plus que certains de ses représentants – le cardinal Müller et Viganò lui-même – se sont compromis avec le ridicule appel pour la liberté de l'Église, supposément menacée par une conspiration mondiale travestie sous les mesures anti-Covid. L'un des grands opposants, le cardinal Sarah, quitte le gouvernement de l'Église : le jour de ses soixante-quinze ans, le pape a accepté la démission en tant que préfet de la congrégation pour le culte. Venant d'Assise, où il était le gardien du Sacré Couvent, arrive à Rome le cardinal nouvellement créé, le franciscain Mauro Gambetti, qui devient vicaire papal pour la Cité du Vatican.

L'année de la grande peste est devenue celle de la résilience de François. La réforme de la Curie semble au point, la publication du document est attendue pour 2021. En préparant son voyage en Irak, François veut faire son retour sur la scène internationale. Son engagement pour la régénération de l'Église fait écho à son appel pour une renaissance de la société après le virus. Une recherche du sociologue Ivo Diamanti révèle que 91 pour cent des catholiques italiens qui fréquentent assidûment la messe lui font confiance.

CHAPITRE 5

Ressusciter et changer

Le pape Bergoglio se rappelle bien les grandes crises de ce nouveau siècle. Le choc mondial du 11 septembre 2001 avec l'attaque d'Al-Qaïda contre les tours jumelles. La crise argentine la même année. La banqueroute financière de Wall Street en 2008, aux retombées désastreuses pour les équilibres économiques mondiaux. Il se rappelle aussi, par son histoire familiale, les répercussions à Buenos Aires de la crise américaine de 1929. Son père était arrivé depuis peu, avec ses parents, « plein d'illusions [...] et il a subi la terrible crise de 1930. Ils ont tout perdu. Il n'y avait pas de travail [...]. Je n'étais pas encore né, mais j'ai senti chez moi cette souffrance [1] ».

Quand François encourage les femmes et les hommes du XXIe siècle à ne pas se laisser abattre par la peste du coronavirus, il n'entend pas répandre un optimisme de façade. Au contraire, le pape exhorte chacun à prendre ses responsabilités, à se positionner sur la

1. A. Tornielli, P. P. Saleri, *Il denaro non governa*, Piemme, 2018.

situation de son pays et par rapport aux autres peuples du monde.

Il existe des raisons valables de se montrer pessimiste. Face à la catastrophe, les généreux le seront davantage, et les égoïstes le deviendront encore plus. « Je ne vois pas souffler autour de moi un vent impétueux de solidarité », murmure un représentant de la Curie qui a de nombreux contacts internationaux. L'écrivain et essayiste Michel Houellebecq est persuadé que rien ne changera. Les gens mourront dans la solitude, comme c'est devenu une habitude ces dernières décennies, les rapports entre les personnes seront toujours plus dématérialisés, tandis que la pandémie a confirmé une tendance inquiétante concernant le destin des personnes âgées : « Jamais on n'avait exprimé avec une aussi tranquille impudeur le fait que la vie de tous n'a pas la même valeur ; qu'à partir d'un certain âge (soixante-dix, soixante-quinze, quatre-vingts ans ?), c'est un peu comme si l'on était déjà mort[1]. »

François non plus ne croit pas qu'il faille vivre dans l'illusion que « tout ira bien » automatiquement. C'est pour cela que, quand la première phase mortelle du virus a semblé passée, il affirmait clairement : « D'une crise comme celle-ci on ne sort pas indemne, comme avant : on en sort meilleur ou pire[2]. » François sait que le changement nécessaire pour une société plus inclusive ne se produira pas

1. M. Houellebecq, France Inter, 4 mai 2020.
2. Pape François, *Angélus*, 31 mai 2020.

spontanément, et encore moins grâce à la main invisible du marché.

Au Vatican, on a pleinement conscience des possibles scénarios négatifs qui peuvent découler de l'illusion ou de la volonté de puissants groupes économiques et financiers d'opérer comme si la pandémie n'était qu'un accident de parcours et qu'il s'agisse simplement d'amorcer la reprise, en inaugurant – au mépris des coûts humains – les grandes transformations qui attendent le système économique. C'est pour cette raison que François exhorte à ne pas rester passif. « Ce n'est pas le temps de l'indifférence, car tout le monde souffre et doit se retrouver uni pour affronter la pandémie, annonce-t-il à Pâques. Ce n'est pas le temps des égoïsmes, car le défi que nous affrontons nous rassemble et ne fait pas de différence entre les personnes… Ce n'est pas le temps des divisions […]. Ce n'est pas le temps de l'oubli. »

Un mot revient souvent dans les interventions papales. Fragilité. « Nous sommes tous vulnérables, fragiles, faibles, et nous avons besoin d'être guéris », aime-t-il rappeler. « Dans l'épreuve que nous traversons, nous nous sommes retrouvés fragiles. Nous avons besoin du Seigneur… », tweete-t-il pendant le confinement. Être chrétien signifie prendre en charge la fragilité des autres, prêter secours comme le Samaritain. Qui demande de l'aide à Dieu ne peut fermer les yeux et refuser la sienne à son frère. Tel était déjà le pivot de la pensée de Benoît XVI dans l'encyclique *Deus caritas est* (« Dieu est amour »), destinée à rappeler ce qu'est le noyau du christianisme face au développement des fondamentalismes religieux et économiques du début du troisième millénaire. Bergoglio se raccroche à ce dogme essentiel. Être chrétien signifie s'arrêter et prêter assistance. L'exact opposé de ceux qui, individuellement ou en groupe, jouent des coudes pour aller de l'avant. L'opposé de ceux qui, psychologiquement ou politiquement, opposent des murs à l'autre. Ou considèrent l'autre comme une menace.

Très tôt, tandis que la vague de la Covid-19 montait inexorablement, François s'est préoccupé de l'après-virus. Dès le 20 mars, il a créé auprès du dicastère pour le développement humain intégral une commission d'étude visant à analyser les « défis socio-économiques et culturels de l'avenir, et les propositions d'orientations pour y remédier ». Dans le même temps, il a décrété une année spéciale de réflexion sur son encyclique verte *Laudato si'*. Selon un communiqué, la commission se veut un signe de « sollicitude et d'amour de l'Église pour toute la famille humaine face à la pandémie ».

Le projet est ambitieux : faire de l'Église une force de proposition dans le débat qui s'ouvre sur la scène mondiale concernant les perspectives de l'humanité au XXIe siècle, en cohérence avec l'impulsion donnée par Bergoglio à son pontificat. En tant qu'évêque de Rome, le pape argentin entend s'adresser à ses contemporains, croyants et non-croyants. Ce n'est pas un hasard si *Laudato si'* est dédié à toutes celles et ceux qui prennent soin de la maison commune, la planète.

« Regarder... écouter... partager... collaborer... construire », tels sont certains des concepts les plus évoqués par François. Ils sont concrets. Ils impliquent de regarder la réalité de ceux qui, comme dans la parabole, apaisent le blessé, participent à son histoire, s'engagent pour le régénérer, mais aussi pour régénérer une société où les hommes et les femmes ne sont pas des loups pour leur prochain.

Si l'écrivain Alessandro Baricco décrit l'expérience de la pandémie et du confinement comme le fait d'être « tombé dans un puits sans même savoir que c'est un puits, seulement du noir[1] », Bergoglio invite à bien regarder le puits : son fond, ses parois, l'eau qui y stagne, puis à se demander qui l'a construit sans se soucier qu'on y tombe. Narcissisme, victimisme et pessimisme, tels sont les comportements auxquels s'opposer, martèle-t-il à la Pentecôte. Pour Bergoglio, le premier des trois péchés est le plus grave, qui empêche de sortir de soi-même ou de la niche que chacun a tendance à se créer au sein d'une institution (Église comprise).

À ceux qui se concentrent exclusivement sur les dégâts causés par la Covid-19 à leur propre situation, François rappelle que « de nombreuses autres pandémies font mourir les gens, et nous ne nous en apercevons pas, nous regardons ailleurs… ». On ne peut rester inconscient face aux tragédies qui se déroulent en ce moment même dans le monde, déclare-t-il en célébrant la messe à Sainte-Marthe. D'autres virus ne cessent de frapper le globe : la pandémie de la faim, de la guerre, des enfants sans éducation. Au cours des quatre premiers mois de l'année 2020, trois

1. M. Crosetti, *La Repubblica*, 20 mai 2020.

millions sept cent mille personnes sont mortes de faim, souligne-t-il[1].

Lorsqu'il rencontre à la fin de juin 2020 le président de la conférence épiscopale allemande, Monseigneur Georg Bätzing, le pape argentin s'est montré particulièrement intéressé par la situation politique en Allemagne. L'entourage du prélat s'est étonné que le pontife soit si bien informé et désireux d'en savoir davantage sur les activités d'Alternative für Deutschland, le parti souverainiste xénophobe entré en troisième position au parlement de Berlin aux dernières élections fédérales, avec plus de 12 pour cent des voix. « Le pape est très inquiet de la situation en Europe », a commenté le président de l'épiscopat allemand. François se préoccupe des poussées des extrêmes nationalistes et de la perspective que la société se divise face aux difficultés économiques qui s'annoncent, a-t-il ajouté.

Ces questions ne concernent pas seulement l'Allemagne ou l'Europe, mais le monde entier. Au début de la troisième décennie du XXIe siècle, sous l'effet du séisme économique que la pandémie provoquera inévitablement, Bergoglio redoute le mélange explosif du chômage, de l'exclusion, de la colère et de la violence qui pourrait bouleverser plusieurs pays. La faillite sociale et la peur d'y succomber sont autant de facteurs qui peuvent pousser les masses à rechercher un sauveur, pense le pape.

Le risque est l'augmentation du nombre de pays dirigés par des gouvernements souverainistes et xénophobes,

---

1. Pape François, *Homélie à Sainte-Marthe*, 14 mai 2020.

alliés dans certaines régions avec les forces les plus cléricales. En réalité – François en est convaincu –, le populisme opprime les pauvres et instrumentalise la foi, tandis qu'un authentique culte de la personnalité se bâtit autour du chef. Le populisme produit des dirigeants qui se comportent en « grands prêtres », a-t-il expliqué un jour.

Le risque d'une dérive néfaste pour la démocratie est une inquiétude que partage la chancelière allemande Angela Merkel, selon qui une hausse incontrôlée du chômage serait une bombe sociale. Le vandalisme de certains groupes qui ont participé aux manifestations des Gilets jaunes en France à partir de 2018, ainsi que les violences et les pillages qui ont eu lieu aux États-Unis dans le sillage des grandes manifestations antiracistes pacifiques entre mai et juin 2020 constituent des signaux d'alarme.

« Attention, il ne faut jamais laisser tomber les pauvres, les affamés, les vieux et les migrants. Gardez-les toujours à l'esprit ! » a répété le pape à Monseigneur Bätzing. Il fait la même recommandation à de nombreux évêques et responsables ecclésiastiques. « Les pauvres sont la préoccupation constante de François pendant la phase dite de reprise, car c'est à la manière d'affronter cette question que l'on comprend quel type de société on veut reconstruire après la pandémie », explique Monseigneur Marcelo Sánchez Sorondo, chancelier de l'Académie pontificale des sciences.

Dans ses appels à ne pas laisser seules les personnes les plus faibles, François met l'accent sur le fait qu'elles « peuplent les villes et les banlieues de tous les pays du monde», afin de rappeler qu'aucune région n'est à l'abri des fléaux.

Fabrizio Barca, économiste et ancien ministre du gouvernement de Mario Monti, ancien président du comité OCSE pour les politiques territoriales, fait remarquer qu'en Italie, l'une des économies les plus développées, «un cinquième de la population adulte, soit près de dix millions de personnes, ne dispose pas d'économies suffisantes pour vivre trois mois sans revenus». Sans compter que de trois à sept millions de travailleurs précaires ou irréguliers ne disposent d'aucune couverture sociale[1]. D'autres chiffres rappellent qu'avant même l'arrivée de la pandémie, 14 pour cent des travailleurs en Italie étaient au bord de la pauvreté, tandis que la précarité imposée par les entreprises progressait inexorablement: 67 pour cent des travailleurs à temps partiel subissaient en effet cette situation. Soit le double de la moyenne européenne[2]. Une étude de l'ISTAT (Institut national de statistique) publiée en juillet 2020 établit que 26 pour cent des enfants ont le sentiment d'avoir de moins bonnes perspectives que leurs parents.

Un document signé conjointement par les présidents de l'Académie pontificale des sciences et de l'Académie des sciences sociales (Joachim von Braun et Stefano Zamagni), ainsi que par le chancelier Sorondo, met en relief la vision du pape François. Les responsables des deux académies, lesquelles accueillent des membres éminents de

1. S. Fiori, *La Repubblica*, 29 mai 2020.
2. M. Fana, *Il Fatto Quotidiano*, 18 mai 2020.

la communauté scientifique internationale (dont trois Prix Nobel), pointent des éléments concrets que chacun peut voir, à condition de le vouloir. Face à la diffusion du virus, les pauvres – des pays les plus démunis comme des plus riches – sont pénalisés.

La distanciation sociale exigée comme mesure de protection n'est envisageable que pour des gens vivant dans de bonnes conditions. Mais comment l'appliquer entre pauvres, massés dans des bidonvilles ou des camps de réfugiés où n'existent ni masques, ni possibilité de se laver les mains ? La fracture numérique touche également les pauvres, car ils ne disposent pas d'un accès à des informations fiables, transparentes et continues. Par ailleurs, l'enseignement à distance et le télétravail restent irréalisables pour les familles de travailleurs à bas revenus n'ayant pas accès aux infrastructures de communication.

Enfin, une accumulation d'inégalités mène à la destruction des petites entreprises (souvent gérées par des femmes dans le tiers-monde) et des petits agriculteurs. D'où la demande pour que les Nations unies portent à leur ordre du jour le sauvetage des petites entreprises et des petits exploitants agricoles. Toutes les crises mondiales, y compris celle du changement climatique et de la perte de biodiversité, exigent une coopération globale et des réponses qui ne laissent pas les pauvres sur le bord de la route, soulignent les signataires.

D'après sa propre expérience de vie dans la mégalopole de Buenos Aires, avec son extrême compartimentation sociale, Bergoglio a acquis une sensibilité particulière aux contradictions criantes. Quand il a vu la photo, qui a fait le tour du monde, de sans-abris contraints de se confiner sur un parking de Las Vegas, le pape s'est exclamé : « Pendant ce temps, les hôtels étaient vides. Mais les sans-abris ne peuvent pas aller à l'hôtel. Voilà la culture de l'exclusion mise en pratique[1]. » Cette culture qui prête attention à la moindre variation de la Bourse et qui ne remarque même pas un clochard mort de froid en plein centre-ville, a-t-il un jour déclaré en s'adressant aux Romains.

« Une profonde révision des conceptions du monde, des styles de vie et des problèmes concernant l'évaluation économique à court terme s'impose », affirme l'appel des scientifiques pontificaux, que la revue internationale *Science* a souhaité publier en guise d'éditorial sous le titre « The Moment to See the Poor » (« Le moment de voir les pauvres »). Le document conclut que la survie même de l'humanité exige une société « plus responsable, plus orientée vers le partage et le soin, plus inclusive et plus juste[2] ». Telle est la trajectoire que vise François.

La conception d'une « maison commune », dont il convient de prendre soin ensemble à travers des projets multilatéraux, se heurte au darwinisme des politiques souverainistes. Un autre collaborateur de François, Monseigneur Vincenzo Paglia, président de l'Académie pour la vie, a ouvertement soutenu la nécessité d'une action collective

1. A. Iveregh, *The Tablet*, 8 avril 2020.

2. J. von Braun, S. Zamagni, M. Sánchez Sorondo, *Science*, 17 avril 2020.

de toutes les nations pour combattre la pandémie. Que les moyens techniques et médicaux soient intégrés à une recherche du bien commun, pour lutter contre « la tendance à la sélection des avantages pour les privilégiés et à la séparation des plus vulnérables selon la citoyenneté, les revenus, la politique ou l'âge[1] », écrit-il. Il faut faire valoir de manière concrète le devoir de solidarité planétaire, notamment par la recherche d'un modèle de développement qui ne soit pas « infecté » par l'avidité et l'excès, insistera un deuxième document de l'Académie pour la vie[2].

La lutte entre des visions du monde opposées était déjà visible pendant les premiers mois de 2020, quand l'administration Trump avait tenté d'acheter les droits de recherche sur le vaccin anti-Covid-19 auprès de la compagnie allemande CureVac et de s'assurer la préemption prioritaire d'un possible vaccin produit par le laboratoire français Sanofi.

De ce point de vue, les positions de François sont plus en phase avec l'Union européenne, dont l'exécutif a annoncé que le vaccin contre le coronavirus « doit être un bien public mondial, et que l'accès doit y être universel ».

C'est aussi la position de l'OMS, dont le directeur général Tedros Ghebreyesus a toujours proposé que le laboratoire qui trouvera le vaccin accorde la licence de production aux

---

1. Académie pontificale pour la vie, *Pandémie et fraternité universelle*, 30 mars 2020.

2. Académie pontificale pour la vie, *Humana Communitas*, 22 juillet 2020.

producteurs de médicaments génériques afin de le rendre accessible à tous. Quand, à la fin de 2020, les premiers vaccins arrivent sur le marché, l'inégalité mondiale que François dénonce comme le plus grand des maux sociaux se manifeste de manière dramatique. À la fin de janvier 2021, quarante millions de doses avaient été administrées dans les pays les plus riches : 95 pour cent des vaccins avaient été donnés aux citoyens de seulement dix pays dans le monde[1]. L'exact opposé de ce que souhaitait François dans son message de Noël 2020 : que les vaccins soient à la disposition de tous, pour éviter toute forme de nationalisme sanitaire. « Nous ne pouvons pas [...] laisser le virus de l'individualisme radical nous vaincre et nous rendre indifférents à la souffrance de nos frères et sœurs », a-t-il déclaré, rappelant que la loi du marché et des brevets ne peut se placer au-dessus des besoins de santé de l'humanité.

La commission spéciale Covid-19 du Vatican a donc demandé que soient trouvés des accords de collaboration internationale entre les États, les entreprises pharmaceutiques et les organisations engagées dans le secteur pour maintenir des prix raisonnables, distribuer et produire les vaccins dans toutes les régions du monde. Elle exprime également son souhait qu'un programme de distribution mondiale soit géré par une entité internationale au mandat précis[2].

1. Agi.it, 2 janvier 2021.

2. Commission vaticane Covid-19 / Académie pontificale pour la vie, *Vaccin pour tous. 20 points*, 29 décembre 2020.

Un aspect de ces initiatives promues par le pape argentin révèle sa tendance à réorienter l'appareil du Vatican selon la « loi du bon Samaritain », comme le fait remarquer un évêque de la Curie. La Congrégation pour la doctrine de la foi et l'Académie pontificale pour la vie sont également impliquées dans ces initiatives pour combattre la pandémie. L'ancien Saint-Office en particulier souligne l'impératif moral de garantir que les vaccins « soient également accessibles aux pays les plus pauvres de manière peu onéreuse[1] ». Dans le même temps, pour lutter contre toute tentation de fondamentalisme anti-vaccin, la Congrégation explique pourquoi il est éthiquement acceptable d'avoir recours à des vaccins produits à partir de cellules de fœtus avortés (puisqu'il n'y a aucune coopération entre chercheurs et producteurs d'une part et responsables de l'avortement d'autre part).

Quoi qu'il en soit, tant la commission Covid-19 que la Congrégation pour la doctrine de la foi et l'Académie pour la vie exhortent à la vaccination de masse : c'est une responsabilité morale pour se protéger soi-même, protéger la santé publique, pour ne pas peser de manière irresponsable sur le système de santé. Jamais la papauté n'a joué un rôle aussi public, aussi politique.

Si la peste passe, on ne reviendra pas au point de départ. De cela, François et beaucoup d'autres sont convaincus. Cependant, le pape argentin sent que l'on se trouve à la croisée des chemins : le système mondial peut s'améliorer

1. Congrégation pour la doctrine de la foi, *Note*, 21 décembre 2020.

ou devenir encore plus impitoyable face aux plus vulnérables, à celles et ceux qui se trouvent en position de faiblesse, au bord de l'exclusion.

Les expériences du New Deal et de l'après-guerre en Europe, souvent citées quand il est question de la reprise après le virus, ne sont pas reproduisibles. Au sortir du krach de 1929, le pouvoir politique américain, représenté par le président Franklin Delano Roosevelt, était incomparablement plus fort face aux corporations économiques qu'il ne l'est aujourd'hui. Quant à l'Europe d'après-guerre, la reconstruction accompagnée par la mise en place de l'État social a été rendue possible à l'Ouest par l'existence de puissants partis de masse chrétiens-démocrates, travaillistes, socialistes, communistes italiens inspirés de Togliatti et de milieux libéraux-progressistes, qui ont aujourd'hui disparu ou dont l'emprise sur les sociétés est infiniment moindre et, dans tous les cas, d'une nature profondément différente.

En particulier, la pensée socio-économique catholique, liée à la doctrine sociale de l'Église, ne trouve plus de canal d'action politique identifiable chez les parlementaires – à quelques exceptions près, dont l'Allemagne, où le parti démocrate-chrétien a la particularité de regrouper catholiques et protestants.

L'idée même d'un Occident porteur de valeurs à promouvoir au niveau international, caractéristique de l'époque de la guerre froide entre les États-Unis et l'Union soviétique, s'est évanouie après la dissolution de l'URSS, avec l'ivresse d'une illusoire « fin de l'histoire » et enfin le creusement de l'écart entre l'*America First* de Donald Trump et une Union européenne encore liée à une vision multilatéraliste.

Par ailleurs, l'utopie de l'extension du modèle démocratique occidental – les armes à la main – s'est fracassée avec les aventures états-uniennes en Afghanistan et en Irak, pure expression d'une politique de domination, qui a de plus mal tourné. Avec une pointe d'ironie qui caractérise parfois son style, François émettait une subtile critique face aux journalistes lors de son retour de Corée du Sud en août 2014 : « Nous devons aussi avoir de la mémoire ! Combien de fois, avec cette excuse d'arrêter l'agresseur injuste, les puissances se sont emparées des peuples et ont fait une vraie guerre de conquête ! » (Il faut comprendre le sous-entendu du pape : seul l'Onu est apte à juger.)

« Le prophète n'est pas celui qui interprète le futur, mais celui qui lit le présent [...] et saisit les signes des temps[1] », explique un archevêque de la Curie, Monseigneur Rino Fisichella, président du Conseil pour la nouvelle évangélisation.

Cependant, il n'est pas dit que les prophètes sont écoutés : la Bible est pleine d'histoires relatant les contrariétés auxquelles ils se heurtent. Mais la remarque de l'archevêque met en lumière la mission que Jorge Mario Bergoglio a endossée et qui acquiert une nouvelle importance à la lumière de la catastrophe pandémique, destinée

1. R. Fisichella, *Table ronde*, 10 décembre 2019.

à transformer en profondeur les conditions des masses au niveau mondial.

François pointe les trois grandes contradictions qui marquent le présent.

L'inéquité (un mot qu'il a inventé) des inégalités qui se sont systématiquement accrues ces dernières décennies.

Les nouveaux esclavages qui forcent des millions d'hommes, de femmes et d'enfants à vivre dans des conditions inhumaines le travail et l'exploitation sexuelle.

La dégradation de la nature, aux conséquences négatives sur les conditions de vie de nos contemporains, avec des retombées particulièrement désastreuses pour les exclus. Pour cette raison, François invite à écouter le « cri de la terre et des pauvres ».

Depuis son premier voyage à Lampedusa, peu après son élection, le pape dénonce l'attitude de ceux qui feignent de ne pas voir ou refusent de tirer les conclusions d'une réalité présente aux yeux de tous. C'est ce qu'il appelle la « mondialisation de l'indifférence ». « Nous regardons le frère à demi mort sur le bord de la route, peut-être pensons-nous “le pauvre”, et nous continuons notre route, ce n'est pas notre affaire ; et ainsi nous nous mettons l'âme en paix. »

Pendant l'été 2020, après la première vague de coronavirus, alors que l'Italie commençait une laborieuse reprise, un conflit éclate à Mondragone entre la population locale et un groupe de saisonniers bulgares signalés comme foyer d'infection au coronavirus. « Pendant qu'on était enfermés chez nous, eux, à 5 heures du matin, ils partaient travailler dans les champs. On veut être tranquilles, il faut qu'ils s'en aillent», protestaient certains habitants entendus à la télévision. Les comptes rendus écrits et télévisés ont renvoyé dos à dos les habitants et les immigrés, par ailleurs coupables d'occuper illégalement un immeuble (ainsi que de nombreux Italiens). Personne n'a évoqué les *caporali* qui les emmenaient au travail. Personne n'a pointé du doigt les propriétaires de ces champs, qui ont un nom et un prénom, et emploient cette main-d'œuvre pour un salaire de misère. Une occultation totale. Comme si, dans les années 1960, on avait parlé des problèmes des travailleurs originaires des Pouilles à Turin ou des immigrés italiens à Wolfsburg sans nommer Fiat ou Volkswagen.

«Nous ne pouvons pas faire semblant d'être distraits: nous sommes tous appelés à sortir de toute forme d'hypocrisie [...]. Le problème n'est pas sur le trottoir d'en face: il me concerne[1]», affirme Bergoglio. Personne ne peut utiliser l'excuse de l'ignorance ou de l'innocence. Sur le bureau du pape, les statistiques montrent que près de quarante millions d'hommes, de femmes et d'enfants subissent l'esclavage. Les dépenses d'armement pour 2019 n'échappent pas non plus au pape: mille neuf cent dix-sept milliards de dollars. Que de telles sommes soient plutôt allouées à la recherche médicale pour éviter de futures catastrophes comme celle du coronavirus, mentionne-t-il dans sa prière

1. Pape François, *Message vidéo aux participants du deuxième forum international sur l'esclavage moderne*, 8 mai 2018.

lors du rosaire solennel le 30 mai. Il ne s'agit pas d'un simple vœu rhétorique dicté par un sentiment religieux. Pendant les prochains mois et les prochaines années, la manière dont le budget des États sera structuré ainsi que leurs objectifs d'investissement seront décisifs.

Au Vatican, la commission pour l'après-virus instituée auprès du dicastère pour le développement humain intégral, dirigé par le cardinal Peter Kodwo Turkson, travaille à un scénario qui prend en compte les divers aspects d'une société inclusive dans le domaine de la santé, de l'économie, de l'écologie, du travail et de la politique. À l'heure de la pandémie, explique le cardinal originaire du Ghana, on entend clairement le cri du peuple. Il suffit de penser qu'un tiers des morts appartient à des minorités ethniques ou à des personnes exclues sans la moindre protection. Pour cette raison, une régénération du système global doit se concentrer sur la vulnérabilité des personnes.

« Régénérer » est le concept clé adopté par la commission vaticane. Car il ne s'agit pas de repartir, mais d'« aller vers une transformation de l'économie, du monde du travail et de la société », explique sœur Alessandra Smerilli, membre de la commission et professeure d'économie politique à la faculté pontificale Auxilium de Rome. On ne peut pas attendre que des millions de personnes perdent leur travail pour reconvertir des secteurs de production entiers dans l'optique d'une transition écologique et d'une économie attentive à l'environnement, « aux temps et aux rythmes de travail humains ». Le

Vatican regarde avec intérêt le projet *Green New Deal* de l'Union européenne[1].

Evangelii gaudium, *Laudato si'* et *Fratelli tutti* sont les trois documents fondamentaux de François pour relever le défi d'une renaissance après la peste du virus. Ils indiquent clairement les problématiques à affronter. L'exhortation apostolique *Evangelii gaudium* se confronte à la contre-révolution néolibérale qui modèle le monde depuis les dernières décennies du XXe siècle, et dont les effets se manifestent notamment à travers le sort différent des malades selon la création ou non de systèmes de protection sociale par les États. L'autonomie absolue des marchés et de la spéculation financière a déterminé un « système social et économique injuste à la racine », fait remarquer le pape. Le résultat est « l'exclusion et l'inéquité de la société et entre les peuples ». On ne peut aller de l'avant avec un tel écart entre économie et bien commun.

Trois ans avant que Greta Thunberg ne lance ses « Vendredis pour le futur » (*Fridays for Future*), avec la publication de *Laudato si'* le pape François positionne l'Église sur le terrain de la défense de l'environnement. Bien loin d'une exaltation abstraite de l'idéologie verte, cette encyclique d'actualité met en évidence le lien concret entre dégradation environnementale et dégradation sociale, la connexion entre destruction des ressources naturelles et aggravation des conditions de vie de nos contemporains, avec un impact nettement plus désastreux sur les moins favorisés.

1. E. Citterio, *Credere*, 30 août 2020.

Le noyau politique du document, c'est l'inquiétude face à l'affaiblissement de la politique et de la démocratie contre le « paradigme techno-économique ». François affirme que « la politique ne doit pas se soumettre à l'économie », car l'économie évalue chaque avancée technologique en fonction du profit, sans prêter attention à ses éventuelles conséquences négatives pour l'être humain. À son tour, « la finance étouffe l'économie réelle ». La conclusion est qu'il devient indispensable de créer un solide filet législatif « avant que les nouvelles formes de pouvoir dérivées du paradigme techno-économique ne finissent par raser non seulement la politique mais aussi la liberté et la justice ».

Depuis des années, le thème de l'engagement politique tient au cœur du pape argentin. Non pour des raisons religieuses, mais pour éviter que les citoyens ne deviennent l'objet passif de décisions prises par des instances soumises à des intérêts privés. Dans son encyclique *Laudato si'*, il les encourage à prendre leur destin en main. « Si les citoyens ne contrôlent pas le pouvoir politique – national, régional et municipal –, un contrôle des dommages sur l'environnement n'est pas possible non plus. »

Le thème est repris dans l'encyclique *Fratelli tutti*. La « noble » vocation des entrepreneurs, fait remarquer François, doit nécessairement viser à améliorer le monde pour tous. Quoi qu'il en soit, « la fragilité des systèmes mondiaux face aux pandémies a mis en évidence que tout ne se résout pas avec la liberté de marché ». Il faut relancer une politique « saine » qui ne soit pas soumise au diktat des finances afin de replacer au centre la dignité humaine et de construire les structures sociales alternatives nécessaires, affirme le pape.

Depuis longtemps, au sein de l'Église comme en dehors, les adversaires de Bergoglio l'accusent d'être communiste. Il répond qu'il suit seulement la parole de l'Évangile. Récemment, le pape argentin a répondu de manière plus politique en se réclamant du pape polonais. « Quand il étudie le problème du capitalisme, il parle de l'économie sociale de marché, dit-il en faisant référence à Jean-Paul II. Dans ce sens [Wojtyła] semble accepter la proposition libérale de marché, mais il y intègre la question sociale. » Une manière géniale, poursuit François, de maintenir ensemble des conceptions différentes en les interprétant dans l'optique de l'Évangile[1].

En effet, se demander ce que pourrait être aujourd'hui, au regard des mutations post-pandémiques, une économie de marché en lien avec les responsabilités sociales est redevenu un sujet d'actualité. Le concept de *green economy* en est un exemple. Après l'effondrement du système soviétique, le pape Wojtyła avait pointé du doigt le libéralisme sauvage. Les événements de 1989, avait-il affirmé lors d'une visite en Allemagne sept ans après la chute du mur de Berlin, ont radicalement changé le monde. La nouvelle situation doit prendre une forme digne des êtres humains, avertissait-il. « Il ne doit pas en naître un monde qui pourrait à nouveau se caractériser par une “idéologie radicale de

1. Pape François avec L. M. Epicoco, *San Giovanni Paolo Magno*, San Paolo Edizioni, 2020.

type capitaliste"[1]. » L'ancien dirigeant du Parti communiste italien (PCI) Massimo d'Alema, ex-président du Conseil, est témoin de cette inquiétude. Lors d'une rencontre avec Jean-Paul II, il s'étonne d'entendre le pape venu de l'Est s'interroger : « J'ai combattu le communisme toute ma vie, mais maintenant qu'il s'est effondré, je me demande qui défendra les pauvres[2]. »

Bergoglio n'a jamais cru à l'idéologie du laisser-faire typique du libéralisme sauvage en vigueur : le mythe de l'enrichissement individuel qui, comme l'eau, remplirait un verre puis, en débordant, étendrait son liquide (la richesse) à son environnement. Les Anglo-Saxons appellent ce système *trickle down economics*, la théorie du ruissellement de la richesse des actionnaires des entreprises vers la société. François, lui, a posé plusieurs fois la question : comment se fait-il que, « quand il est plein, le verre grandit comme par magie et que rien n'en sorte jamais pour les pauvres[3] » ?

Le constat que l'hyperfinanciarisation et la dérégulation effrénée produisent non seulement des effets sociaux négatifs, mais sont aussi néfastes pour l'économie elle-même, n'est pas l'apanage des milieux réformateurs radicaux. Les milieux plus modérés s'interrogent aussi. L'ancien ministre Giulio Tremonti, homme de centre droit, affirme que, malgré la grande crise de Wall Street en 2008, on a assisté

1. Jean-Paul II, *Homélie*, Paderborn, 22 juin 1996.
2. A. De Angelis, *Huffington Post*, 7 novembre 2019.
3. *La Stampa*, 17 juillet 2015.

cette dernière décennie à une « extraordinaire rotation de l'axe du pouvoir des gouvernements et de la politique vers le pouvoir magique et prétendument salvateur de la finance », ce qui n'a pas été un bien[1].

Le cri d'alarme de Bergoglio face au risque de subordination de la politique, et donc de disqualification de la démocratie, apparaît réaliste. Dans son encyclique *Caritas in veritate* publiée au lendemain de la crise de 2008, Benoît XVI suggérait déjà l'urgence d'une réforme de l'« architecture économique et financière internationale » à travers l'instauration de pouvoirs régulateurs confiés aux Nations unies afin d'assainir les économies frappées par la crise, de prévenir le creusement des inégalités et de favoriser une gouvernance de l'économie mondiale visant au « développement solidaire de tous les peuples[2] ». Concrètement, Tremonti rappelle les accords de régulation internationale signés à Bretton Woods en 1944 et l'ébauche d'un *Global Legal Standard* rédigé par l'Italie et l'OSCE en 2009.

Le débat sur la renaissance post-virus implique des choix nets. Prenant comme exemple le paradoxe américain, le Prix Nobel d'économie Joseph Stiglitz, membre de l'Académie pontificale des sciences, a trouvé une définition : la domination d'une minorité. Une classe de riches qui « veulent s'enrichir encore plus aux dépens des autres. Ils veulent conserver une société inégale, avec des salaires

1. G. Tremonti, *Corriere della Sera*, 6 mai 2020.
2. Benoît XVI, *Caritas in veritate*, 29 juin 2009.

bien en dessous du seuil de pauvreté, sans accès aux soins pour les pauvres, sans négociations collectives et avec le droit pour les grandes entreprises de profiter du pouvoir du marché, d'abuser de l'environnement, d'exploiter les plus vulnérables[1] ».

Dans sa lettre au juge latino-américain Gallardo, le pape cite un livre de l'économiste Mariana Mazzucato, qui analyse avec précision les mécanismes économiques à réformer. Le livre s'intitule *The Value of Everything* (« La valeur de tout ») et part d'une donnée concrète. De 1975 à 2017, le PIB réel des États-Unis a triplé et la productivité a augmenté de 60 pour cent. Pourtant, « à partir de 1979, le salaire horaire réel d'une grande partie des travailleurs américains est resté inchangé, voire a diminué[2] ». Le point crucial de cette distorsion réside dans le fait que la captation des profits réalisés à partir d'un produit favorise de manière exponentielle une caste – des actionnaires qui reçoivent des dividendes ou qui, à divers titres, encaissent des primes – au détriment de ceux qui, au sein d'une entreprise, « créent » la valeur du produit.

Le sociologue catholique Mauro Magatti se demande qui gouvernera les processus de transformation qui se dessinent, avec l'extension de la numérisation et la généralisation du télétravail. Le marché seul, sans se préoccuper des déséquilibres sociaux qui en découlent et des protections collectives nécessaires ? On comprend sans peine que le

1. G. Carofiglio, *La Repubblica-Robinson*, 1er mai 2020.
2. M. Mazzucato, *The Value of Everything*, Allen Lane, 2019.

télétravail (qu'on appelle en Italie *smart working*, comme s'il relevait d'une astuce raffinée) place le salarié dans une position de faiblesse significative face au pouvoir et à l'intrusion de l'entreprise. L'écrivain d'origine libanaise Amin Maalouf pose la question d'une société où risquent de prévaloir la numérisation, la dématérialisation et la robotisation à outrance, « où les personnes se rencontrent toujours plus en visioconférence, où l'on évite le plus possible les rencontres publiques, où l'on préfère les produits obtenus sans contact avec d'autres êtres humains [1] ». Ces problèmes sont rendus d'autant plus préoccupants par la profonde récession que banquiers, économistes et entrepreneurs prévoient au niveau mondial.

Le moment pour penser à l'avenir, c'est maintenant, affirme François. En présence des profits démesurés de quelques-uns, « notre civilisation [...] doit se repenser, se régénérer ». Le danger que l'on vient de traverser et les graves conséquences qui en découleront imposent que chaque personne puisse reprendre le contrôle de sa vie [2]. Une nouvelle économie sociale de marché pourrait également prévoir un « revenu universel de base ». Le pape rappelle toujours que l'Église n'a pas de solutions complexes à proposer. Mais les préceptes de l'Évangile engagent à éliminer ou du moins à limiter l'exclusion et la souffrance. « Nous ne pouvons pas nous sentir "bien" quand un membre de la famille humaine est relégué dans les coulisses

1. A. Maalouf, *Corriere della Sera*, 17 mai 2020.
2. Pape François, *Lettre aux mouvements populaires*, 12 avril 2020.

et devient une ombre[1]. » L'État social et la couverture santé sont nés précisément pour affronter ces défis.

Face à la perspective d'une rhétorique abstraite sur la croissance et la reprise, François a des mots très durs. En plus de la Covid-19, circule le « virus [...] d'une économie malade. [...] Quelques personnes très riches possèdent plus que tout le reste de l'humanité. Il s'agit d'une pure statistique. C'est une injustice qui crie au ciel ! ». Il s'agit de regarder la réalité en face. « Quand l'inégalité économique et technologique est telle qu'elle déchire le tissu social, et quand la dépendance vis-à-vis d'un progrès matériel illimité menace la maison commune, alors nous ne pouvons pas rester impassibles. » La dure réalité des inégalités « est désolant[e][2] », s'exclame-t-il. Selon les chiffres d'Oxfam, les deux mille individus les plus riches du monde – avec un patrimoine personnel de 2,019 milliards de dollars chacun – possèdent autant que les 60 pour cent les plus pauvres de la planète, soit 4,6 milliards de personnes. La banque suisse UBS a calculé que, au plus fort de la pandémie, entre avril et juillet 2020, la richesse des milliardaires a connu un bond de 27,5 pour cent[3].

Le pape Bergoglio n'est pas isolé dans son raisonnement. L'idée de « rebooster » le modèle de développement en vigueur commence à entrer dans le discours d'économistes et de politiciens loin d'être radicaux. L'ancien

1. Pape François, *Message pour la IVe Journée mondiale des pauvres*, 13 juin 2020.

2. Pape François, *Audience générale*, 26 août 2020.

3. Ansa.it, 7 octobre 2020.

Premier ministre et commissaire de l'Union européenne Mario Monti a été appelé par la section européenne de l'OMS à diriger une commission pour la santé et le développement durable : le deuxième terme implique de repenser les schémas économiques actuels. Ce n'est pas un hasard si Monti évoque le besoin de « revoir et repenser les priorités politiques ». Dans son discours lors du meeting Communion et Libération d'août 2020, l'actuel Premier ministre italien Mario Draghi, ancien président de la Banque centrale européenne et nouveau membre de l'Académie des sciences sociales du Vatican, a lui-même défini comme un impératif absolu d'œuvrer pour une « croissance qui respecte l'environnement et n'humilie pas les personnes », soulignant l'urgence d'assurer un revenu aux plus pauvres afin de renforcer la cohésion sociale, fragilisée par la pandémie.

Par ailleurs, dès 2019, la table ronde Business, qui réunit deux cents entreprises américaines, publie un document pour un « capitalisme meilleur », qui affirme qu'au-delà des intérêts des actionnaires, les entreprises doivent prendre en considération une rémunération juste pour leurs employés, les traiter avec dignité et respect, soutenir les communautés où elles opèrent, prendre soin de leurs clients et traiter avec équité leurs fournisseurs. Les administrateurs délégués de cent quatre-vingt-une entreprises ont souscrit à cet engagement de responsabilité sociale, dont JP Morgan, Amazon, Apple, General Motors et Boeing.

La réflexion suit son cours. Pendant la première vague de l'épidémie, quatre-vingt-trois millionnaires (dont Jerry

Greenfield, cofondateur du colosse américain des glaces Ben & Jerry's, Abigail Disney, arrière-petite-fille de Walt Disney et héritière de son empire, Morris Pearl, ancien dirigeant de BlackRock) ont cosigné un appel pour payer davantage d'impôts, proposant que les grandes fortunes soient soumises à une « augmentation fiscale permanente [...] immédiatement, de manière substantielle et pour toujours ». Précisément dans le but de financer les remèdes à la pandémie et à ses conséquences sociales[1].

Lors des réunions de la commission pour l'après-virus créée par le Vatican, le pape et ses collaborateurs observent avec inquiétude l'émergence de nouvelles problématiques. François les a personnellement énumérées dans sa correspondance avec Gallardo : faim, chômage, précarité, violence, usure et développement d'une « délinquance déshumanisée ».

François regarde surtout en direction de l'Union européenne, dans l'espoir qu'une nouvelle direction émerge de cette région du monde. À l'est du Vatican se trouvent les grandes autocraties de Russie et de Chine, aux présidents rééligibles à perpétuité, qui n'ont aucune intention de promouvoir un réel pluralisme politique. En 2019, le président russe Vladimir Poutine déclarait sans embarras au *Financial Times* que le libéralisme politique était obsolète. Pékin a un peu déçu François par son attachement à l'idolâtrie du pouvoir absolu du parti-État, comme le révèle son intervention à Hong Kong.

1. *Europa Today*, 13 juillet 2020.

À l'ouest, le Vatican a trouvé aux États-Unis un interlocuteur qui n'a eu de cesse, ces quatre dernières années, d'enterrer le multilatéralisme. Malgré la défaite de Trump aux élections présidentielles de novembre 2020, les États-Unis resteront une société divisée, où des minorités agressives et de puissants lobbies s'opposent fortement à l'idée d'un État social. Parmi les Jésuites, qui soutiennent et développent actuellement la ligne du pape argentin, le père Francesco Occhetta soulève la question de la post-démocratie (un thème crucial pour Bergoglio) face au néolibéralisme et à la mondialisation. Les États-Unis de Donald Trump ont soumis la pratique démocratique à une forte tension, écrit le jésuite, qui a été pendant de longues années correspondant politique de *Civiltà Cattolica*. On a assisté à la remise en cause de « la crédibilité de la politique d'une superpuissance, qui au lieu de rassembler divise et recherche un ennemi à tout prix ». Avec une « politique intérieure d'ordre sans aucune règle, dont se sont nettement dissociés des républicains tels que [l'ancien président] George Bush et Colin Powell[1] », son ancien secrétaire d'État.

La nouvelle administration américaine a donné des signes de vouloir revenir au multilatéralisme, que François estime essentiel. Les décisions de Biden de ne pas quitter l'Organisation mondiale de la santé, de revenir dans l'accord sur le climat et de renouer le dialogue avec la Russie pour l'accord stratégique New Start ont été jugées positivement par le Vatican. Pour le pape, le multilatéralisme est

1. F. Occhetta, *Vita pastorale*, 22 juin 2020.

fondamental afin de favoriser la paix et le développement. La pandémie pourrait même devenir l'occasion de réformer et de relancer le système multilatéral, comme il l'a déclaré aux diplomates accrédités au Vatican.

Certes, la Russie et la Chine sont des États autoritaires – le Saint-Siège ne le nie pas –, mais il est considéré plus important d'impliquer tout le monde dans des organisations et des relations « au service de la famille humaine », sans tomber dans une nouvelle guerre froide. C'est pour cette raison que François a renouvelé son accord avec la Chine pour la nomination des évêques, résistant aux fortes pressions de Mike Pompeo, secrétaire d'État de l'administration Trump. « Entente à caractère essentiellement pastoral », aime répéter le pape. Cependant, sa valeur diplomatique est évidente. Dans la même perspective, on trouve la décision de lancer une édition spéciale de *Civiltà Cattolica* pour la Chine (2020) et pour la Russie (2020).

Reste l'Europe, à laquelle François attribue la capacité historique à se poser des questions fondamentales sur le sens de l'existence, selon l'expression employée par le pape à l'occasion d'un discours pour le soixantième anniversaire du traité de Rome. Le choix stratégique effectué par l'Union sous le nom de « Recovery Plan – Next Generation EU » a été publiquement salué par François comme un pas dans la bonne direction, l'exemple d'une collaboration et d'un partage solidaire des ressources. Si l'Union européenne renonçait à s'engager pour la régénération d'un modèle social fondé sur la solidarité et le partage, le politologue Vittorio Emanuele Parsi, de l'université catholique de Milan, craint de nouveaux sursauts populistes souverainistes[1]. C'est ce que redoute également François, convaincu que l'extrémisme nationaliste n'apporte que le malheur.

Parmi ses souvenirs cinématographiques figure un film allemand d'après-guerre : *Die Brücke* (« Le pont »), qui raconte l'histoire d'un groupe de jeunes dont les vies sont brûlées par le nazisme. Ce qui a frappé Bergoglio, qui avait à peine plus de vingt ans dans les années 1950, c'est le cynisme avec lequel l'idéologie totalitaire s'approprie les existences pour s'en nourrir. Aujourd'hui encore, il garde la sensation d'une « douleur atroce [en voyant] comment ces jeunes étaient peu à peu terriblement manipulés par la violence croissante d'une propagande inhumaine[2] ». Jorge Mario Bergoglio sait que les démons du passé peuvent revenir sous d'autres habits.

L'attaque des partisans extrémistes de Trump contre le Capitole des États-Unis a secoué jusqu'au Vatican. *L'Osservatore Romano* les a qualifiés de hordes poussées « par deux mois de narration toxique sur un "vol des élections" inexistant… ». Pourtant, fait remarquer François, il est d'une certaine manière bénéfique que l'abcès ait été crevé, car ainsi on peut le soigner : dans les réalités étatiques mûres, il y a toujours quelque chose qui ne va pas, « des gens qui prennent la route de l'opposition à la communauté, contre la démocratie, contre le bien commun[3] ».

1. A. Lavazza, *Avvenire*, 5 mai 2020.

2. Pape François et L. M. Epicoco, *San Giovanni Paolo Magno*, *op. cit.*

3. F. Marchese Ragona, *Interview du pape François*, TG5 Mediaset, 11 janvier 2021.

Alors qu'il s'adresse au début de 2021 au corps diplomatique accrédité auprès du Saint-Siège, le pape dénonce la crise de la politique et des valeurs démocratiques, soulignant le phénomène croissant d'une fracture au sein des sociétés nationales. Une tendance qui se répand toujours plus, explique-t-il, même au sein des pays de tradition démocratique ancienne. « Maintenir vivantes les réalités démocratiques est un défi de ce moment historique », ajoute-t-il. Le respect de l'État de droit est essentiel, et doit être garanti « indépendamment des intérêts politiques dominants »[1].

Dressant le bilan de la première année de pandémie, François avoue s'être senti comme « enfermé en cage... mais ensuite je me suis calmé, j'ai pris la vie comme elle venait. On prie plus, on parle plus ». Le pape a vécu les grandes cérémonies sur la place Saint-Pierre comme « une expression de la douleur que l'on ressent, l'expression d'un amour pour tous les gens, une manière de montrer de nouvelles voies pour s'aider l'un l'autre[2] ».

François croit en un « plan pour ressusciter », comme il l'a écrit poétiquement à Pâques à une revue catholique espagnole dans une lettre manuscrite aux caractères à la fois ronds et anguleux. L'expérience de la pandémie a fait s'effondrer les frontières et se dissoudre tous les discours fondamentalistes face à la fragilité de chacun d'entre nous,

1. Pape François, *Discours aux membres du corps diplomatique*, 8 février 2021.

2. F. Marchese Ragona, *Interview du pape François*, TG5 Mediaset, 11 janvier 2021.

explique-t-il. Cette leçon doit nous pousser à « nous sentir à nouveau architectes et acteurs d'une histoire commune et donc à répondre ensemble aux maux qui affligent des millions de nos frères et sœurs dans le monde ». Face aux menaces, il existe d'autres anticorps : justice, charité, solidarité[1].

Entre-temps, les vagues de la pandémie se succèdent, de nouvelles variantes de la Covid-19 ont émergé, le virus a provoqué plus de deux millions et demi de victimes et plus de cent millions de contaminations dans le monde. François remarque qu'à l'entrée dans la deuxième année de la crise, émerge la « tentation de ne s'occuper que de ses propres intérêts », oubliant que les choses s'amélioreront seulement si le « nous » l'emporte sur le « je ». Le soin de l'autre, des plus faibles, des défavorisés, des exclus, des invisibles. On ne peut revenir à la normalité d'avant, insiste le pape. « Soit nous sommes frères, soit nous nous détruisons mutuellement… soit nous sommes frères, soit tout s'écroule… Tel est le défi de notre siècle[2]. »

Une intuition populaire accompagne l'aventure de François depuis le moment de son élection. Les premières années, une fresque murale le représentait sous les traits de Superman. À l'heure de la peste, une fresque est apparue à Milan le montrant à terre, parmi les souris, emmitouflé dans une couverture – comme un sans-abri.

---

1. Pape François, *Lettre à Vida Nueva*, 17 avril 2020.

2. Pape François, *Message lors de la Journée internationale de la fraternité*, 4 février 2021.

Une multitude, tant laïque que religieuse, a compris de quel côté se situe Jorge Mario Bergoglio. Et saisit son ironie quand il dit : « Le pire de cette crise, c'est seulement le drame de la gâcher[1]. »

1. Pape François, *Homélie de Pentecôte*, 31 mai 2020.

Table

Cet ouvrage a été achevé d'imprimer
en mars 2021 dans les ateliers de
CPI Firmin Didot

N° d'imprimeur : 162185
Dépôt légal : avril 2021
ISBN : 978-2-84876-874-8
Imprimé en France